子どもを知る

■編集委員■民秋 言・小田 豊・栃尾 勲・無藤 隆・矢藤誠慈郎

新 保育
ライブラリ

子どもの理解と援助

清水益治・無藤 隆 編著

北大路書房

新版に向けて　編集委員のことば

　本シリーズは，平成29年3月に幼稚園教育要領，保育所保育指針，幼保連携型認定こども園教育・保育要領，さらに小学校学習指導要領が改訂（改定）されたことを受けて，その趣旨に合うように「新 保育ライブラリ」を書き改めたものです。また，それに伴い，幼稚園教諭，小学校教諭，保育士などの養成課程のカリキュラムも変更されているので，そのテキストとして使えるように各巻の趣旨を改めてあります。もっとも，かなり好評を得て，養成課程のテキストとして使用していただいているので，その講義などに役立っているところはできる限り保持しつつ，新たな時代の動きに合うようにしました。

　今，保育・幼児教育を囲む制度は大きく変わりつつあります。すでに子ども・子育て支援制度ができ，そこに一部の私立幼稚園を除き，すべての保育（幼児教育）施設が属するようになりました。保育料の無償化が始まり，子育て支援に役立てるだけではなく，いわば「無償教育」として幼児期の施設での教育（乳幼児期の専門的教育を「幼児教育」と呼ぶことが増えている）を位置づけ，小学校以上の教育の土台として重視するようになりました。それに伴い，要領・指針の改訂（改定）では基本的に幼稚園・保育所・幼保連携型認定こども園で共通の教育を行うこととされています。小学校との接続も強化され，しかし小学校教育の準備ではなく，幼児期に育んだ力を小学校教育に生かすという方向でカリキュラムを進めることとなっています。

　保育者の研修の拡充も進んでいます。より多くの保育者が外部での研修を受けられるようにし，さらにそれがそれぞれの保育者のキャリア形成に役立つようにするとともに，園の保育実践の改善へとつながるようにする努力と工夫が進められています。全国の自治体で幼児教育センターといったものを作って，現場の保育者の研修の支援をするやり方も増えています。まさに保育の専門家として保育者を位置づけるのみならず，常に学び，高度化していく存在として捉えるように変わってきたのです。

　そのスタートは当然ながら，養成課程にあります。大学・短大・専門学校での養成の工夫もそれぞれの教育だけではなく，組織的に進め，さらに全国団体

でもその工夫を広げていこうとしています。

　そうすると，そこで使われるテキストも指導のための工夫をすることや授業に使いやすくすること，できる限り最近の制度上，また実践上，さらに研究上の進展を反映させていかねばなりません。

　今回の本シリーズの改訂はそれをこそ目指しているのです。初歩的なところを確実に押さえながら，高度な知見へと発展させていくこと，また必ず実践現場で働くということを視野に置いてそこに案内していくことです。そして学生のみならず，現場の保育者などの研修にも使えるようにすることにも努力しています。養成課程でのテキストとして使いやすいという特徴を継承しながら，保育実践の高度化に見合う内容にするよう各巻の編集者・著者は工夫を凝らしました。

　本シリーズはそのニーズに応えるために企画され，改訂されています（新カリキュラムに対応させ，新たにシリーズに加えた巻もあります）。中心となる編集委員４名（民秋，小田，矢藤，無藤）が全体の構成や個別の巻の編集に責任を持っています。なお，今回より，矢藤誠慈郎教授（和洋女子大学）に参加していただいています。

　改めて本シリーズの特徴を述べると，次の通りです。第一に，実践と理論を結びつけていることです。実践事例を豊富に入れ込んでいます。同時に，理論的な意味づけを明確にするようにしました。第二に，養成校の授業で使いやすくしていることです。授業の補助として，必要な情報を確実に盛り込み，学生にとって学びやすい材料や説明としています。第三に，上記に説明したような国の方針や施策，また社会情勢の変化やさらに研究の新たな知見に対応させ，現場の保育に生かせるよう工夫してあります。

　実際にテキストとして授業で使い，また参考書として読まれることを願っています。ご感想・ご意見を頂戴し次の改訂に生かしていきたいと思います。

2019年12月　　編集委員を代表して　無藤　隆

はじめに

　我が国の保育・幼児教育は，大きな変革期を迎えており，その中でも，この5年に特に大きな変化が3つあります。その1つは2015（平成27）年に子ども・子育て支援新制度がスタートしたことです。この制度は，「量」と「質」の両面から子育てを社会全体で支える制度で，保育所，幼稚園，認定こども園に加えて，地域型保育事業でも保育が始まりました。2つめは2017（平成29）年に保育所保育指針や幼稚園教育要領，幼保連携型認定こども園教育・保育要領が同時に改定（改訂）されたことです。3歳以上児の保育の内容が統一され，3歳未満児の教育についても告示レベルの基準ができました。最後は2019（令和元）年に幼児教育・保育が無償化されたことです。すべての子どもの経験や育ち，資質・能力を伸ばすことを保障しようとする時代になったと言えるでしょう。

　このような変革期の中で保育者には，新たにしっかりとした子ども理解が求められるようになりました。もちろんこれまでも子ども理解が不要だったわけではありません。一人一人の子どもの経験や育ち，資質・能力に基づいて，関わりだけでなく，指導計画も調整や改善することが求められるようになったのです。なお，この子ども理解に基づく指導計画の調整や改善が求められたことは，カリキュラム・マネジメントとして，小学校以上でも共通しています。

　保育者に求められることが高度化したことで，保育者の養成段階で求められることも変わりました。幼稚園教諭の養成に関しては，すべての養成校で統一的に教授する内容を指定するコア・カリキュラムが設定されました。養成の質の統一化が図られたのです。保育士資格に関して，養成カリキュラムは以前から公表されていましたが，内容の充実が図られ，子ども理解に関する科目が設けられました。それが，本書のタイトルである「子どもの理解と援助」です。

　本書は，その「子どもの理解と援助」のテキストとして編集しました。構成は保育士養成課程に準じ，幼稚園教諭養成課程で求められた「幼児理解の理論及び方法」のコア・カリキュラムでも通用する中身にしました。本書を利用する多くの学生さんが保育士資格と幼稚園教諭免許の両方を同時に取得すること

を考慮したのです。

　本書は4部構成にしました。第Ⅰ部は「子どもの実態に応じた発達や学びの把握」として，子ども理解がなぜ必要か，子ども理解の意義に関する2つの章にしました。第Ⅱ部は「子どもを理解する視点」として，子どもの何を理解するのかに関する7つの章を入れました。第Ⅲ部は「子どもを理解する方法」として，子どもをどのように理解するのかを学ぶ4つの章を含めました。第Ⅳ部は「子どもの理解に基づく発達援助」として，子ども理解の活用に関する3つの章で構成しました。

　本書のもう1つの特徴は，各章末に演習課題を設け，その中で話し合いを重視したことです。演習にはいくつかの方法があります。最も単純なのは個人で課題をこなす演習です。この演習は，個人の知識や技能を増やすことにはつながりますが，保育者として同僚と対話を重ねながら，園としてのカリキュラム・マネジメントを行っていくことにはつながりません。そこで本書ではすべての演習で話し合う過程を入れました。

　幸いなことに本書の執筆は，幼児教育や保育，心理学等が専門で，本書の特徴に理解があり，養成校で中核となっている研究者に依頼ができました。本書で学んだ皆さんが，将来，日本の保育界や地域の保育を背負って立つ一人になってくれることを期待しています。

　最後になりましたが，コロナ禍の中，本書の出版に当たり，奔走して下さった北大路書房編集部の北川芳美さんに厚くお礼申し上げます。

2020年10月　編者を代表して　清水益治

もくじ

部扉写真提供：光林保育園（京都市）

第Ⅰ部

子どもの実態に応じた発達や学びの把握

第1章
保育における子ども理解の意義

　子ども理解とは，文部科学省（2019）によると「一人ひとりの幼児と直接触れ合いながら，幼児の言動や表情から思いや考えなどを理解しかつ受け止め，その幼児の良さや可能性を理解しようとすること」とされる。保育者は，一人ひとりの子どもが安心して過ごすために，その時々の子どもの気持ちを捉え，関わっていく。また，それぞれの子どもが主体的に活動や遊びに参加するために，子どもたちの興味関心に基づいた環境を用意する。どのような場合も，「…のときは…しましょう」といった決められたマニュアルや正解が存在するわけではなく，目の前にいる子どもを理解することを出発点に，日々の関わりや保育環境を考えていく。そのため，子ども理解は保育の基本とされている。本章では，子ども理解と保育の営みについて学んだ後，豊かな子ども理解を実現するための保育者の姿勢について考える。

1 節 子ども理解と保育の営み

　保育者は，日々の関わりを通して，子どもを理解し，その理解に基づいて，明日以降の保育を構想し，実践していく。ここでは日々の関わりにおける子ども理解の在り方を示し，明日以降の保育を構想し実践していくときに，子ども理解がどのように活用されるのかを紹介する。

1──日々の関わりにおける子ども理解の在り方

　朝，子どもが登園し，あいさつを交わすとき，保育者は子どもの表情を見ながら，「今日は調子が悪いのかしら」「元気そうだ」など，子どもの心身の状態を把握する。子どもどうしのいざこざが起きれば，その原因を探りながら，その場にいる子どもたちの過去の出来事や発達の状況，家庭背景を瞬時に思い浮かべ，その子どもに合った働きかけを考えている。このように日々の関わりにおいては，目の前にいる子どもの言動からそのうちにある思いを，これまで蓄積された情報と照らし合わせながら，理解する。具体例から考えてみよう。

> **事例1　遊びを切り上げることができない子どもを理解する（4歳児クラス）**
> 　ナオ（5歳）は砂遊びなど戸外で遊ぶのが大好きで，夢中になると他のことに目がいかなくなってしまう傾向があった。3歳児クラスのときは遊びを中断されると，激しく抵抗していたが，4歳児クラスになり，周囲の状況を見て少しずつ合わせられるようになってきた。
> 　ある日，園庭での遊びを終え，クラスの子どもたちの大半が部屋に入っているのに，ナオはウロウロしている。担任のS先生が「ナオ君，給食の時間だから部屋に入ろう」と声をかけると，ナオは「わかってる！」と言っているが入ってきそうもない。S先生はナオがまだ気持ちの整理をつけていないと思い，「じゃ，待ってるよ」と言って，給食の準備を始めた。

　S先生は，園庭をウロウロして部屋に入ろうとしないナオの姿をどのように理解し，「待っているよ」と声をかけたのだろうか。

(1) 発達のプロセスからの理解（過去の出来事と現在をつなげる）

　ナオは給食の時間であるとわかっているが，部屋に入りたくなくて園庭を歩き回っており，その姿だけ見ているとナオが好き勝手をしているように見える。しかし，S先生はナオの行動を見て，気持ちの整理がついていないと読み取っていた。このようにナオを理解できたのは，S先生がナオの発達のプロセスに思いを巡らせていたからである。ナオは夢中になると次の活動に気持ちを切り替えることが苦手であったが，今は自分から遊びをやめて次の活動に移ることもできるようになってきた。ナオが園庭をウロウロしているのは，遊んでいたいという気持ちと部屋に戻らなければならないという状況認識との間で葛藤し，

少しずつ自分の気持ちを調整しようとしているとサキ先生は理解したのである。

（2）先の見通し（未来）から現在の状況と対応を考える

保育所保育指針「第2章　保育の内容　3　3歳以上児の保育に関するねらい及び内容　（2）ねらい及び内容　ア　健康　（ウ）内容の取扱い⑤」には，「生活に必要な習慣を身に付け，次第に見通しをもって行動できるようにすること」と記されている。加えて，4歳から5歳にかけて子どもは「…したいけど…」と2つの思いの間で揺れ動き，周囲の状況に合わせながら自制する心を育んでいくと言われている（山田，2019）。

S先生はこのような知識をもとに，近い将来，ナオが見通しをもって行動する姿をイメージし，ナオが十分に葛藤できる時間を保障し，自分で自身の気持ちを調整しつつ，先の見通しをもってもらうために，給食の時間であることを告げ，「ナオを待つ」という対応をとったと考えられる。

（3）的確な子ども理解に基づいた関わりがもたらすもの

S先生はナオについて（1）これまでの発達のプロセスを踏まえ，（2）先の見通しから現在の状況と対応を考えた。その結果，ナオはどのような行動を示したのだろうか。事例2にS先生が対応した後の様子を示した。

> **事例2　子どもの思いを理解し，能動的な行動へとつなげる（4歳児クラス）**
> S先生がナオに「待っているよ」と告げた後，ナオは自分から部屋に戻ってきた。ちょうど給食の準備ができ，クラスの子どもたちは自分の席に座っていた。S先生はナオに「おかえりー」と声をかけると，ナオはほっとした表情になり，さっと身支度を整え，席に着いた。

子どもは自分の思いが理解され受け止められることで，安心し，能動的に動き出し，自分を育てていくと考えられている（神田，1997；岡上，2019）。ナオはS先生に自分自身が気持ちの整理をつけられていないことを理解され，受け止めてもらうことで，自ら部屋に戻ってきている。さらに，そのときに「おかえり」と声をかけてもらったことで，S先生がナオの思いを理解し受けとめてくれたことを実感し，安心できたのだろう。そのことが次のナオの能動的な行動へとつながっていったと考えられる。

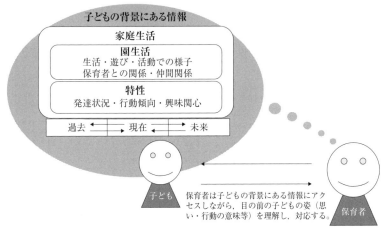

図1-1　日々の関わりにおける保育者の子ども理解の視点（市川ら，2017および五十嵐ら，2018より作成）

（4）保育者による子ども理解の視点

　サキ先生とナオの事例を参考に，日々の関わりにおける保育者の子ども理解の視点を描き出すと図1-1のようになる。保育者は，目の前にいる現在の子どもの姿を，過去にあった園生活での出来事と子どもの特性を重ね合わせながら理解しつつ，少し先の未来を見通している。ナオの場合，活動や遊びの様子と発達の状況といった情報に焦点が当たっていたが，その他の子どもの場合，仲間関係や家庭生活の様子を考慮に入れることもある。このようにして，保育者は多くの情報を心に思い浮かべながら，子どもを理解している。

2──明日以降の保育を構想し実践するときの子ども理解

　保育者は明日以降の保育を構想し実践するとき，図1-2にある①ねらい②計画③実践④ふり返りといった流れを踏んでいく。

（1）ねらいを立てる

　まず日頃の子どもたち一人ひとりの興味・関心や過去の姿，発達状況といった子ども理解に基づき，保育のねらい（図1-2①）を立てていく。ねらいは現在の子ども理解から少し先に期待する姿や発達像をイメージしながら決めていく。その際に，子どもの典型的な発達の道筋に関する知識が役に立つ。

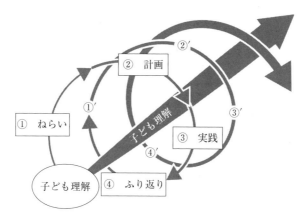

図1-2　子ども理解と保育の流れ（林，2017より作成）
子ども理解を出発点に①～④の流れを踏むことで，それまでの子ども理解は更新され，変化し続ける。さらに，
①～④の保育の一連の流れが日々積み重なっていくことで，子ども理解が豊かになることを示している。

(2) 計画する

　次にねらいに応じた活動や遊びを計画し（図1-2②），子どもがどのように関心を示し，子どもどうしでどのように関わりあうのか，何を学びとるのかを想像しながら，用意する物や，それを保育室・園庭にどのように配置するかなどの準備を進めていく。発達の特徴に応じた活動や遊びを知っておくと計画が立てやすくなる。

(3) 実践する

　計画した活動や遊びを実践しながら（図1-2③），保育者は子どもたちの表情や声色，言動を注意深く見て，その時々の子どもたちの心情を捉えていく。計画通りに活動や遊びが進まなくても，子どもたちの姿に応じて柔軟に対応し，そのときの様子を記録に留めておくと，次の（4）ふり返りを行なうときの検討材料となる。

(4) ふり返る

　実践後は，そのときの子どもの様子から，計画した遊びや内容が適切であったか，改善する部分はあるかをふり返っていく（図1-2④）。同時に，子どもが何をどのように経験し学んだのかも考察することで，子ども理解がさらに深まっていき，次の保育を構想することにつながっていく。

(5) 変わり続ける子ども理解

　保育者は，子ども理解に基づいて，ねらいを立て，活動や遊びを計画し，それらを実践し，ふり返るときにも子ども理解を常に行なっている。さらに図1－2の①から④までの流れを積み重ねていくことで，子ども理解は更新され，変化し続けていく。

2 節　豊かな子ども理解に向けて

　子ども理解が豊かになればなるほど，日々の関わりや保育の構想もより充実したものとなっていく。ここでは，子どもの姿をより多面的に捉えられるようにすることで，子ども理解を豊かにしていくための姿勢を取り上げる。

1──子どもの良さを見つける

　たとえば，衝動的で落ち着かない子どもは，待つことができずに他の子どもを押すなどの行動が問題にされやすい。一方で，自分よりも年下の子どもに対してはその子どもが困っていると助けに入ったりなど，肯定的な行動が見られることがある（五十嵐，2017）。このような肯定的な行動のなかに，子どもの良さを見つけ出すことで，その先に，年下の子どもと手をつないで一緒に散歩に出かける，午睡時の寝かしつけを手伝うなどの機会を作っていくことにつながる場合がある。

　子どもの良さを見つけられると，その良さを生かした日々の関わりや保育を考えるときに役立つ。子どもにとっても，自身の良さが生かされることで，嬉しく思い，もっとこういうふうにしたいというイメージをもてるようになり，それを実現しようと主体的に行動する可能性が出てくる。また，その子どもの良さが他の子どもから認められるチャンスにもなっていく。

2──同僚保育者等との対話を通して異なる視点を取り入れる

　担任保育者であっても，一人ひとりの子どものすべての行動を把握することはできないため，子どもを理解するときに活用する情報には限りがある。ただし，保育は担任保育者だけで行なっているわけではない。同僚の保育者との話

し合いを通じて，子どもの別の一面を知り，子ども理解が多面的になっていく（岡田・中坪，2008）。

事例3　子どもの意外な一面を知る（3歳児クラス）

　自己主張があまりなく引っ込み思案だったユキ（4歳6か月）の場合を挙げてみよう。3歳児クラス後半になり，クラスでは事務室にいる園長先生に出席人数を報告する当番活動が取り入れられた。その初日，ユキと3人の子どもたちが当番で，事務室に向かうと園長先生を前に緊張してしまい，全員何も言えなくなってしまったのである。もじもじしているみんなを見て，ユキは勇気をふり絞り，自ら率先して人数を報告した。事務室を出てクラスに戻っていくユキの姿を担任以外の保育者が目撃しており，その様子が誇らしげであったということだった。

　担任保育者は，園長や同僚の保育者から人数報告のときのユキの様子を聞き，今までのユキからは想像できない意外な一面を知ることとなった。この情報をきっかけに，担任保育者はこれまでのユキの理解を改め，ユキが自分を発揮できる場面を考えていったのである。

　保育所保育指針解説「第1章　総則　3　保育の計画及び評価　（4）保育内容等の評価　ア　保育士等の自己評価【保育士等の学び合いとしての自己評価】」には，同僚の保育者との話し合いの重要性とともに，外部の専門家を交えたカンファレンスも，自身とは異なる子ども理解に出会う機会となることが記されている。子ども理解を豊かにしていくために，担任保育者が一人で抱え込むのではなく，保育と関わる多くの人の見方を取り入れていくことを大切にしたい。

Book 推薦図書

● 『0歳から3歳　保育・子育てと発達研究をむすぶ〈乳児編〉』　神田英雄　全国保育団体連絡会
● 『3歳から6歳　保育・子育てと発達研究をむすぶ 〈幼児編〉』　神田英雄　ちいさいなかま社
● 『新・育ちあう乳幼児心理学　保育実践とともに未来へ』　心理科学研究会（編）　有斐閣

演習1　子ども理解が不十分な場合を考える

目的　子ども理解を前提としない関わりとその弊害について学ぶ。

方法　①材料　Ａ４サイズの用紙に下の表の様式（枠組み。以下同じ）が２つ以上入ったもの。②手続き：例にならって，まずは個人で，子ども理解を前提としない関わりとその弊害について書き込んでみる。次に５〜６人のグループで，書き込んだものを見せ合い，お互いの考えを共有し合う。その後，最初の考えを共有して学んだことを付け加える。この手続きを用紙が埋まるまで繰り返す。

結果の例　絵本の読み聞かせを考えた場合の例

子ども理解を前提としない関わり	弊害
３歳児に対する絵本の読み聞かせで，15分以上かかる絵本を取り上げて読む。	途中で退屈して立ち上がったり，よそ見をする子どもが出る。その子どもたちは読み聞かせは楽しくないと感じる子どもになったかもしれない。本読みが嫌いになったかもしれない。
学んだこと ・年齢だけでなく，発達や経験についても考慮して絵本を選ぶ必要がある。 ・子どもの行動から弊害を見抜く力を養う必要がある。	

演習2　発達にあった遊びや関わりを考える

目的　様々な遊びに対して，発達にあった遊び方や関わりを考える。

方法　①材料　Ａ４サイズの用紙に下の表の様式が複数入ったもの。②手続きまずは個人で，１つの遊びを想定し，発達にあった遊び方や関わり方を調べたり，考えたりする。次に５〜６人のグループで，調べたものや考えたものを見せ合い，お互いの調べたものや考えたものを共有し合う。この手続きを用紙が埋まるまで繰り返す。

結果の例　鬼ごっこの例。

発達	遊び方・関わり方〈遊び：　　鬼ごっこ　　〉
2歳	まてまて遊び（「まてまて」と言いながら保育者と追いかけっこをする）
3歳	鬼ごっこ
4歳	しっぽ取り鬼ごっこ
5歳	

第2章 子どもに対する共感的理解と子どもとの関わり（養護と教育の一体的展開を含む）

1 節　共感的理解とは何か／なぜ必要か／いつ，どのように使うのか

1——保育者の仕事と2通りの子ども理解

（1）保育者の仕事

　図2-1は保育者の子どもとの関わりに関する仕事を俯瞰的に見たものである。まず保育の目標を立てる。このためには下にある子どもの理解（総合的理解）に加えて，指針等の法令，当該園の独自性や地域のニーズを含む全体的な計画の理解が必要である。次にその目標を達成するための指導計画を作成する。前の期の子どもの姿に基づいて，現れる子どもの姿を予想して立てる必要がある。続いて教材研究や環境構成を行う。子どもと関わる前の準備である。計画段階で予想した子どもの姿を導くように準備する。次が保育・指導・援助である。子どもと接するのはこの部分だけである。最後に，実施した保育の評価，すなわちふり返りを行う。このふり返りによって，子どもの理解（総合的理解）をバージョンアップさせ，それを次の保育目標の設定，指導計画の立案，教材研究や環境構成に活かすことになる。

　ところで，この図では子どもの理解（総合的理解）としてまとめているが，

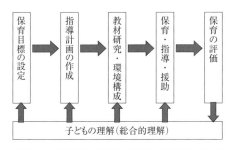

図2-1　保育者の子どもとの関わりに関する仕事

この理解には2つの意味が含まれている。1つは発達や学びの特性の理解であり，もう1つが「今，ここ」の理解である。後者こそが本章のタイトルにもある共感的理解である。以下ではそれぞれについて見ていこう。

(2) 発達や学びの特性の理解

　保育士養成課程の科目では，「保育の心理学」や「子ども家庭支援の心理学」，「子どもの理解と援助」などの科目で学ぶ子どもの姿である。養成校によっては「発達心理学」「教育心理学」「幼児理解」などの名称の科目になっているかもしれない。「○歳で○○ができる」「○歳の頃は○○に興味がある」など，一般的な子どもの姿と考えるとわかりやすい。なお，発達や学びの理解ではなく，発達や学びの特性の理解としている点に注意してほしい。単に発達や学びを点として点として捉えるのではなく，線や面として捉えるのである。

(3) 「今，ここ」の理解＝共感的理解

　「今，ここ」の理解とは，目の前にいる子どもの今の状態の理解のことである。図2-1で「保育・指導・援助」に向けて上に伸びている矢印がこれに当たる。保育や教育は，価値を方向付ける営みである。方向付けを受け入れる状態かどうかは，接してみないと分からない。先に述べたように，その接している時間が「保育・指導・援助」なのである。

　子どもの中には，やりたくない気持ち，別のことがしたい気持ち，でもやらないといけないと思う気持ちもあるかもしれない。子どもの「今，ここ」を理解した上での関わりは，柔軟で，臨機応変で，しかしながら迷いに満ちている。しかもこの保育者の迷いを子どもも感じとる。子どもに共感し，子どもに共感される。このような「今，ここ」の理解こそが，共感的理解なのである。

2──共感的理解はなぜ必要か

　共感的理解が必要とされる理由は3つある。1つめは，共感的理解が「保育・指導・援助」を一人一人の子どもに応じて調整する働きをするからである。目の前にいる一人一人の子どもの「今，ここ」を認め，受け入れ，「保育・指導・援助」に位置づけるために共感的理解が必要なのである。

　2つめは，共感的理解が回す「今，ここ」⇔「保育・指導・援助」の小さなサイクルが，図2-1のような大きなサイクルを回す原動力となるからである。図2-1で「保育・指導・援助」から右に伸びている矢印の先には，「保育の評価」，ふり返りがある。それが子どもの理解（総合的な理解）をバージョンアップさせ，次の保育目標の設定，指導計画の立案，教材研究や環境構成に活かされる。共感的理解なしでは，このような大きなサイクルは回らない。

　もう1つの理由は，なぜ図2-1のようなサイクルが必要かに関係する。一人一人の子どもの発達と学びを保障するためである。保育所保育指針や幼稚園教育要領等に記されている「ねらいや内容」は最低基準である。少なくともこれらに記されている「内容」はすべての子どもに経験させる必要がある。子どもたちに豊かな経験を提供するために，共感的理解が必要なのである。

3──共感的理解はいつ，どのように使うのか

　「いつ使うのか」という問いに対する答えは，これまで述べてきた通り，「保育・指導・援助」の際である。ここでは，「保育の評価」の時も加えておきたい。子どもとの関わりをふり返りながら，自らの共感的理解もふり返りが必要である。あのときの共感的理解は適切であったかどうか。このようなふり返りの繰り返しが，共感的理解を行う保育者の資質・能力を伸ばしていく。

　「保育・指導・援助」の際に「どのように使うのか」の問いに対しては，「待つ」という1つの答を提案しておく。子どもは経験の積み重ねで発達し，学んでいく。「今，ここ」の経験が，発達や学びにつながるのは確かかもしれないが，「今，ここ」でなくても経験は可能かもしれない。積み重ねなので，たった1回の経験がすべてではない。子どもの気持ちにより添い，「待つ」という選択肢も常備しておきたい。

2 節 養護と教育の一体的展開

1——養護とは何か，教育とは何か

　保育指針の「第1章　総則」の「2 養護に関する基本的事項」の「(1) 養護の理念」には次の記述がある。「保育における養護とは，子どもの生命の保持及び情緒の安定を図るために保育士等が行う援助や関わりであり，保育所における保育は，養護及び教育を一体的に行うことをその特性とするものである。保育所における保育全体を通じて，養護に関するねらい及び内容を踏まえた保育が展開されなければならない」。この記述に続いて，生命の保持と情緒の安定に関するねらい及び内容がそれぞれ4項目ずつ記されている。

　また，「第2章　保育の内容」の前文には次の記述がある。

　　　　この章に示す「ねらい」は，（中略）保育を通じて育みたい資質・能力を，子どもの生活する姿から捉えたものである。また，「内容」は，「ねらい」を達成するために，子どもの生活やその状況に応じて保育士等が適切に行う事項と，保育士等が援助して子どもが環境に関わって経験する事項を示したものである。
　　　　保育における「養護」とは，子どもの生命の保持及び情緒の安定を図るために保育士等が行う援助や関わりであり，「教育」とは，子どもが健やかに成長し，その活動がより豊かに展開されるための発達の援助である。（後略）

　これらの保育指針の記述から，養護が保育士等の行う援助や関わりであり，教育が育みたい資質・能力につながる子どもの経験であることがわかる。ここでは，養護の主体が保育士等，教育の主体が子どもであることに注目しておきたい。

2——養護と教育の一体的展開とはどのようなものか

(1)「一体的」の根拠

　全頁で見たように，保育指針の「第1章　総則」には「保育所における保育は，養護及び教育を一体的に行うことをその特性とする」と記されている。この根拠は，児童福祉施設の設備及び運営に関する基準の第35条である。

　この省令は児童福祉法第45条に基づくものであるが，同法の第6条の3第7項には，以下のように記されている。すなわち，児童福祉法では「家庭における保育」が「養護及び教育を行うこと」なのである。とすると，一体的に行うことこそが，家庭ではなく，保育所ならではの特性となる。

> 　この法律で，一時預かり事業とは，家庭において保育（養護及び教育（第三十九条の二第一項に規定する満三歳以上の幼児に対する教育を除く。）を行うことをいう。以下同じ。）を受けることが一時的に困難となった乳児又は幼児について，厚生労働省令で定めるところにより，（中略）一時的に預かり，必要な保護を行う事業をいう。

(2) 保育所における子どもの生活の中での養護と教育

　平成22年に子ども・子育て支援新システム検討会議作業グループこども指針（仮称）ワーキングチームは，保育指針における養護と教育の関係として，図2-2を示した。そして，「養護と教育は，画然と分けられるものではないが，子どもの年齢や発達によって，それぞれの比重は異なる」とした。図から分かるように0歳では養護の方が，6歳では教育の方の比重が大きい。年齢が上がるにつれて養護の比重が減り，教育の比重が増えるのである。一体的展開の一体性が子どもの年齢や発達で異なると考える必要がある。

3——養護と教育の一体的展開を前提とした指導計画はどのように立てるのか

(1) 乳児・1歳以上3歳未満児の指導計画

　保育指針の「第1章　総則　3　保育の計画及び評価　(2)指導計画の作成イ」には留意事項として「3歳未満児については，一人一人の子どもの生育歴，心身の発達，活動の実態等に即して，個別的な計画を作成すること」とある。また図2-2に示したように養護の側面の比重が大きい。そこで，内容のレベルで，保育者が主語の援助の部分と子どもが主語の経験の部分を1つの文に納める書き方が推奨される。例えば，「保育者に見守られながら，自分で衣服の脱ぎ着をする」などである（川原，2019）。前半の主体は保育者，後半の主体は子どもであり，全体として子どもの経験を記述している。

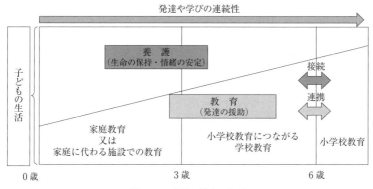

図2-2　養護と教育の比重

　ここで意識したいのが共感的理解である。「保育者に見守られながら」の部分は，情緒の安定につながる共感的理解を明記したものである。

(2)　3歳以上児の指導計画

　3歳以上児では教育の側面の比重が大きくなる。そこで保育者が主体の援助の部分を減らし，子どもが主体の経験を中心に記述することになる。保育者の援助はその「足場作り」と言えるであろう。しかし養護と教育を一体的展開している証拠を指導計画に示すには，養護面の記述も欠かせない。そこで活用できるのが，援助・配慮の欄である。

　例えば「自分の気持ちを相手に伝え，友達の話を聞こうとする」という内容に対して，「一つひとつの思いを丁寧に「聴く」ことを大切にし，伝えたことが園生活での安心感となるようにする」（4歳児研究グループ，2020）という援助・配慮を書くことは，共感的理解を含み，養護と教育の一体的展開につながる。なお無藤（2013）は，次のように述べて養護面の「情緒の安定」を拡充し，「感情の教育」という考え方を提唱している。共感的理解は感情の教育につながる。

　　「……養護とされていることは保育者が配慮し，子どもを受け入れることから始まりますが，しだいに子ども自身が養護的配慮を自分でできるように成長していくものであり，そこを保育者が支援することでもあるのです。そうすると，それは子どもが自らの感情と関係を見直し，動かし，時に抑制し，時に盛り立てすることを導くのです。保育とはその意味で感情の教育でもあるのです。」

節　子どもとうまく関わるために

1——しっかりした指導計画を立てること

　子どもに関わる前提として，全体的な計画に，養護に関するねらい及び内容，教育に関するねらい及び内容を網羅することである。またその計画に基づいて立てる長期及び短期の指導計画には，それまでの経験を重視することが大切である。これまでしてきた遊びの延長線上に，次の期の遊びがある。昨日や一昨日の遊びの続きとして今日の遊びがある。このような計画を立てることで，保育者も安心して関わりができるし，子どもの中に経験の積み重ねができる。この積み重ねこそが，発達や学びの原動力となる。

2——共感的理解＝「今，ここ」の理解を活用すること

　3歳未満児に対する関わりで最も意識したいことは，安定した情緒の中で行う活動である。情緒の安定については，「今，ここ」で指針の4つの内容を満たしている状態かどうかである。ただし情緒の安定（保育者が主体）で終わるのではなく，その中でどのような活動をしているか（子どもが主体）に注目したい。その際，生活面の活動にも目を向ける。今の活動が今後どうつながっていくのかを考えて関わることで，関わりに厚みができる。

　3歳以上児に対する関わりでは，自発的な活動としての遊びの中で子どもは発達する（＝学んでいく）という考え方を意識したい。「今，ここ」にいる子どもがしている活動は自発的なものか，楽しく面白い遊びになっているかどうかを保育者が感じとる必要がある。共感的理解は，教育面にこそ重要である。

📖 推薦図書

- ●『幼児教育のデザイン　保育の生態学』　無藤　隆　東京大学出版会
- ●『これなら書ける！　2歳児（1歳児／0歳児）の指導計画：2018年度施行指針・要領対応！&たっぷり充実の個人案・文例』　川原佐公（監修・編著）ひかりのくに

演習1 共感的理解をしている場面を見つける

目的 映像を見ながら，共感的理解をしていると思われる場面を見つける。

方法 ①材料 保育者と子どもとの関わりが写っている映像（市販の DVD など）。下の表の様式。②手続き 映像を見ながら，共感的理解をしている場面を見つけて，表に書き出す。その際，誰もが当該場面を見つけられるように，場面，子どもの行動，保育者の関わりは具体的に書く。共感的理解の欄は，その場面でどのような共感的理解をしていると思うか（映像に現れていなくてもよい）を書く。同じ映像を見た5～6人で話し合い，それぞれが書いた情報を共有する。

結果の例

場面	子どもの行動	保育者の関わり
共感的理解		

演習2 養護と教育の一体的展開の記述を考える

目的 養護と教育の一体的展開が想定される記述を見つけ，指針の記述と対応づける。

方法 ①材料 指導計画が載っている保育雑誌。下の表の様式。保育所保育指針または幼保連携型認定こども園教育・保育要領（以下，指針等）。②手続き 3歳未満児では養護と教育の一体的展開の記述を，3歳以上児では養護と教育の一体的展開が求められると思われる記述を探して書き出す。指針等を見ながら，該当する養護のねらい及び内容の番号を書き込む。

結果の例 「月刊 保育とカリキュラム（ひかりのくに）」2019年4月号付録「年の計画」より

年齢	指導計画の記述	生命の保持	情緒の安定
0歳	ミルク（母乳）は，抱かれて言葉をかけてもらいながら満足するまで飲む。	ね①③④ 内①②③④	ね①②④ 内①②④
3歳	したいこと，してほしいことを保育者に動作や言葉で伝えようとする	ね③，内④	ね①②③ 内①②③

子どもを理解する視点

第3章
子どもの生活や遊び

1 節 生活のなかの学び

　子どもは日常生活のなかで生きるために必要な行動を学び取っていく。ここでは，「学習理論」の視点から，学びの背景にある基本法則について説明する。人は，ある状況で（先行刺激），ある行動をとったことにより，好ましい結果を得た（随伴刺激）という経験をすると，同じような状況で同様の行動をとる確率が高まる。あいさつを例にあげると次の通りである。保育所の先生に会ったときに（先行刺激）→あいさつをすると（行動）→あいさつが返ってきた（随伴刺激）。こうした経験をくり返すことで，子どもはあいさつを学習する。そして，異なる場面や異なる相手に対してもみずからあいさつをするようになり，やがてあいさつは生活習慣として定着していく。

　一方，日常的には，子どもの行動はその子の性格や人柄によって説明されがちである。たとえば，集団遊びに参加しない子どものことを「引っ込み思案な性格」と思ったり，他児の手を払っておもちゃを取る子どものことを「短気で乱暴」と考えたりする。しかし，そうしたものの見方には注意すべきである。それはある子どもが示すある行動の原因を安易にその子の性格や人柄に結び付けてしまうと「個人攻撃の罠」（杉山，2005）に陥ってしまうからである。こ

の罠に陥ると，子どもに「問題児」のラベルを貼って非難したり，「どうせ変わらない」などと子どもとの関わりを放棄したりするおそれがある。また，そうした関わりは子どもの自己否定につながることもある。

　学習理論ではこうしたものの見方に対して発想の転換を求める。ある状況で望ましい行動が見られないのは，必要な行動をまだ十分に学んでいないか（未学習か学習不足），あるいは不適切な行動を誤って学んでしまっているからだ（誤学習）と考えるのである。集団遊びに参加しない子どもは「参加に必要な行動をまだ十分に学んでいない」と考えるのである。また，他児の手を払っておもちゃを取る子どもに対しては「おもちゃを上手に借りるために必要な行動をまだ学んでいないか，手を払い除けることでおもちゃを得ることができるという，不適切な行動を誤って学んでしまったのかもしれない」と考えるのである。まだ学んでいないのであれば新たに学べばよいし，誤って学んでいるのであれば再学習すればよい。子どもを個人攻撃する必要はない。

　これは人であれば子どもも保育者も同じである。あなたにも経験があるのではないだろうか。子どもに必要な行動を学ばせたいのだがうまくいかない。それはあなたの性格に問題があるからだろうか。それとも，必要な方法をまだ学んでいないから，あるいは誤った方法を実行しているからだろうか。後者であればこれから新たな方法を学べばよいのである。あなたはどちらの考え方を採用するだろうか。学習理論ではもちろん後者を採用する。

2 節　子どもの学びを支える保育者の関わり

　「して見せて，言ってきかせて，させてみて，ほめてやらねば，人は動かぬ」
　これは山本五十六氏の言葉だというが，この言葉のなかには学習理論の諸原則が盛り込まれている（河合，1987）。このうち，子どもに何かを学ばせるとき，多用されるのが「言ってきかせる」関わりであろう。しかし，ただ単純に「○○しなさい」と言うだけではなかなかうまくいかない。そこでまず学習理論から考える効果的な言ってきかせ方について述べる。続いて，して見せる，させてみる，ほめる，それぞれのやり方について述べる。

1——言ってきかせる

　言ってきかせる際には，子どもが具体的に何をすればよいのかがわかる「行動」を伝える必要がある（石田，2008）。たとえば，子どもに「きちんとあいさつしなさい」と言ったとしても，子どもは具体的にどんなあいさつが「きちんとしたあいさつ」なのかがわからなければ，あいさつのしようがない。では，どのような言い方をすれば，「行動」を伝えたことになるのか。そのポイントは，①計測できること，②だれが見てもわかること，である（石田，2008）。たとえば，「きちんとあいさつしなさい」ではなく，次のように伝える。

　「相手の顔を見て／笑顔で／大きな声で／こんにちは，って言おうね」

　これならば，「相手の顔を見ているか」「笑顔か」「大きな声か」「こんにちはと言えているか」どうかが，すぐにわかる。つまり計測できる。また，だれが見ても，それをやっているかどうかがわかる。

　そんな些細なことで本当に変わるのかと思うかもしれない。しかし，私たちは子どもに何かを伝えるとき，自分が思っている以上にあいまいな言葉を使うことが多い。「ちゃんとしなさい」「がんばりなさい」「やる気を出しなさい」などの表現に心当たりはないだろうか。一方で，あなたが保育で悩んでいるとする。そのことを相談した相手から「ちゃんとがんばってやる気を出しなさい」と返されたらどうだろうか。どうしてよいかわからず，かえって落ち込むのではないだろうか。大人でもそうなのだから，子どもであればなおさらである。

2——して見せる

　人は他者をモデルにすることで新たな行動を学ぶことができる。子どもにある行動を教えるときには，保育者がモデルとなってして見せたり，他児の行動を観察したりする機会を用意してやればよいだろう。

　その効果を高めるためには，①モデルはその子とよく似た特徴をもっていたり，その子が好意や親しみを感じていたりする人にすること，②モデルの行動のポイントがよくわかるように言葉での説明を添えること，③モデルの行動だけでなく，その行動によって好ましい結果が得られたところまでを含めて見せ

ること，などが大切である。

3──させてみる

　大人は言ってきかせるだけで子どもが動くことを期待するが，ある行動を身につけさせるには，実際にさせてみて，「できた！」という達成感を与えることが重要である。人は達成感を味わうとみずから行動するようになる。

　その際のポイントは，「スモールステップ」を原則とすることである。あいさつの例でいえば，たとえ小さな声でも，まずは相手の顔を見て「こんにちは」と言えていればよしとする。そして，その行動が定着してきたら，次にもう少し大きな声で言えることをめざす，という具合である。

4──ほめる

　上述のように，人はある行動に好ましい結果がともなうとその行動をくり返すようになる。日常生活である行動がくり返されるのは好ましい結果が自然にともなっているからである。しかし，特定の行動を新たに身につけさせるときには，当初は意図的に好ましい結果を与える必要がある。

　その際に有効なのは，ほめることである。そのポイントは，①具体的な行動をほめること，②その場ですぐにほめることである。保育所や幼稚園の「お帰りの会」のときに，「今日はとってもおりこうだったね」と伝えるだけでは効果はない。たとえば，あいさつができたら，「お顔を見てこんにちは，ってあいさつできたね」とその場ですぐに具体的に伝えることが重要である。

3 節 遊びのなかの学び

　幼児期の生活の中心は遊びである。幼稚園教育要領（文部科学省，2017）では「幼児の自発的な活動としての遊びは，心身の調和のとれた発達の基礎を培う重要な学習である」とされ，幼児教育は「遊びを通しての指導」を中心とすることが望まれている。遊びを通した保育については保育所保育指針（厚生労働省，2017）でも強調されている。遊びのなかに子どもの学びを見出す視点はまさに保育者の専門性といえる。

　学習理論から見れば，仲間と自発的に遊ぶ子どもは仲間との関わりに必要な技術であるソーシャルスキル（social skills）を習得していると理解できる。ここでは仲間と遊ぶ経験がソーシャルスキルの学習を促し，そうして学んだスキルによってさらに仲間との関わりが豊かになるという好循環が生じている。一方，ソーシャルスキルが不足している子どもは仲間と遊ぶ経験が減少し，それゆえにソーシャルスキルを学ぶ機会が得られないという悪循環に陥りやすい。

　そうした子どもに対してはソーシャルスキルトレーニング（social skills training：SST）が適用されることがある（佐藤，2015）。特にいわゆる発達障害があるとされる子どもはソーシャルスキルに課題がある場合が多く，特別支援教育（保育）においてはSSTがよく用いられる。その方法は2節で説明したやり方と同様である。さらに詳しく知りたい場合は推薦図書を読んでほしい。

4 節　子どもの生活や遊びを周囲との関係からとらえる視点

　上述の通り，学習理論は保育に有用な視点を提供してくれる。しかし，これも多様にある視点の1つであり，唯一の正しい見方というわけではない。仲間と遊ぶことのない子どもを「スキル不足」ととらえるのとは異なる視点もある。たとえば，刑部（1998）は，保育園で孤立し，保育者から「ちょっと気になる子」とみなされていた4歳男児Kがやがて集団へ参加するようになる事例を取り上げ，その過程をスキルの獲得とは異なる視点から論じている。

　その視点として用いられているのは「関係論」である。関係論では，ある子どもの行為も，周囲の人，モノ，出来事との関わりから形づくられていると考える（佐伯，2014）。佐伯（2014）はこの視点から刑部（1998）の事例を整理している。以下にその一部を引用する。

事例1　K（4歳児）が「気になる子」として浮き彫りにされていく過程

　Kは親の仕事の都合でいつも登園時間が遅いため，朝の「自由遊び」で十分な解放感を味わう時間がなく，保育園のスケジュールに「合わせさせられる」。また，他の園児とじっくり遊びをともにする時間が少ない。また，Kには以前，比較的親しくしてくれていた，他の園児にも慕われていた友だちがいて，その友だちの側にいることで「守られていた」のだが，不幸にも，その友だちが転出してしまい，結果的に「ぽつんと孤立した」状況に陥っていた。

　また，Kの行動はたしかに「敏捷」ではなく，すべてに「のろい」。そのことと，先に述べたように，K自身，園内で充実した遊びがもてないことも加わって，ますます「やる気のない子」のように見られるような行動傾向が見られ，担任保育者が「せかす」ことが多くなる。担任保育者がKを「せかす」ことには，保育者集団のなかで「有名」になってしまっているKの担任となったことで，「Kのことを気にかけている」姿勢を示す必要性があったことも無縁ではない。

　このように，「ちょっと気になる子」が周囲との関係のなかでますます気になる子として浮き彫りにされてくるというような事態は，保育の現場ではしばしば生じている（刑部，1998）。それと同じく，気になる子が気にならなくなる過程も，個人の能力やスキルの獲得の結果としてではなく，周囲との関係の変化として理解できる。佐伯（2014）はそうした過程についても刑部（1998）の事例から整理している。その一部を以下に引用する。

事例2　Kが「気になる子」ではなくなっていく過程
　保育者たちは，園内での話し合いで「Kについての検討会」をもつ。そのとき，担任保育者の苦労を他の保育者がねぎらい，いろいろなヒントを出し合う。たまたま，話が「Kは，おばあちゃんのところに行ったあと，とても明るく，楽しそうだ」ということが指摘され，なぜかを考え合う。「たぶん，おばあちゃんはKのことをかわいがっていて，なんでも聞いてあげているのかもしれない」「そうね。わたしたちも，すこし"おばあちゃん方式"でやってみたらどうかしら」という話なる。つまり，あまり口やかましいことをいわず，すこし「放っておく」ぐらいの対応をしてみる，ということである。

　こうしてKへの保育者の小言が減るにつれて，園児たちもKの困ったことを言い立てることがなくなり，Kは次第に「気になる子」ではなくなっていったという（刑部，1998；佐伯，2014）。
　佐伯（2014）によれば，保育は本来あれやこれやの「原因」に還元できるものではない。「善かれ」と願う人々が様々な行き違いやしがらみのなかで変えようにも変えられないことにぶつかり葛藤しながらも，わずかなきっかけを積み重ねることで子どもと周囲との関係が少しずつ変容し，結果的により望ましい保育が実現できるものであり，一人ひとりの子どもの「発達」もそのような

「関係の網目」のなかで形づくられるものであるという。こうした関係論的発達観は，私たちに学習理論とはまた異なる新たな視点を提供してくれる。

5節　保育者としての省察

　私たちは自分なりのものの見方でこの世界を見ている。1人でいる子どものことを，「引っ込み思案な性格だ」と見ることも，「仲間と遊ぶスキルが不足している」と見ることも，「周囲との関係のなかでそのような状況にある」と見ることもできるし，それらとはまた異なる見方もできる。どれが正しくて，どれが間違っているというわけではないが，いずれにせよ，それぞれのものの見方は子どもとの関わりに反映される。それゆえ，保育者にはみずからのものの見方を広げてくれる様々な「理論」にふれながら絶えず自己を省みる謙虚な姿勢（省察）が求められる。

　省察には，みずからの保育を少し離れて眺めるような視点が必要となるが，初心者には難しいので，まずは事後にふり返る習慣を身につけたい。印象に残った出来事について，自分を含めた登場人物の言動や，その時に自分が感じたことや考えたことなどを紙に書き出し，それを眺めてみる。そして，気づいたことを考察として書き加える。考察には既存の理論が役立つこともある。こうした作業を続けることで，あなたの保育の質は大きく向上するだろう。

推薦図書

- ●『子どもを伸ばす行動マネジメント―新しい子育ての提言』　河合伊六　北大路書房
- ●『実践！ソーシャルスキル教育―幼稚園・保育園』　佐藤正二（編）　図書文化社
- ●『幼児教育へのいざない―円熟した保育者になるために　増補改訂版』　佐伯　胖　東京大学出版会

演習1　生活の中の学びに気づき，学びを支える関わりを考える

目的　生活における活動での学びと，それを支える関わりを考える力を養う。
方法　①材料　下の表の様式。②手続き　まず生活場面を決める。次にそこで
展開されると想定される活動をできるだけ詳しく考える。さらにそれぞれの活
動に対して，学び（子どもに何を身につけさせたいか，あるいは過去に身につ
けているべきか）を考える。続いて，学びを支える保育者の関わりを考える
（下線部でその例を示す）。最後に各自が考えたことをグループで共有する。
結果の例　以下は男児が1人でトイレに行く場面の例。

活動	学び	学びを支える関わり
上靴をスリッパに履き替える	スリッパを上靴に履き替える 上靴をそろえて脱ぐこと	ていねいに洗う必要性を説明する
便器の前に立つ ズボンをおろす 用を足す ズボンをあげる 手を洗う スリッパを上靴に履き替える	適切な便器の使い方 衣服の着脱 用を足した後の処理の仕方 衣服の着脱 手のていねいな洗い方 スリッパをそろえて脱ぐこと	ていねいな洗い方のモデルを見せる。 一緒に洗いながら，ていねいに洗っている子どもをほめる ていねいに洗えている状態をほめる

演習2　遊びの中の学びに気づき，学びを支える環境や関わりを考える

目的　遊びでの学びと，それを支える関わりを考える力を養う。
方法　①材料　下の表の様式。②手続き　まず遊びを決める。次にそこでの学
び（子どもが何を経験しているか，あるいはどのような経験につながるか）を
考える。続いて，その遊びを支える環境や保育者の関わりを考える。最後に各
自が考えたことをグループで共有する。
結果の例

遊び	学び	学びを支える環境・関わり
ブロックのタワー作り	目と手の協応，指先の巧緻性。 倒れ方・倒れる状況などへの興味・関心。 倒れても泣かず，気分を切り替えて新たに挑む力 倒れないための工夫やより高いタワーを作るために工夫する力。 2人以上で作る場合は，協力関係や協調性。 モデルがある場合は，正確に作るために振り返る姿勢。	多人数でもタワーを作れるよう，またできるだけ高いタワーを作れるように，相当数のブロックを用意する タワーを高くするのに椅子や支えとなるもの必要であれば，近くに置く。 高くなった喜びを一緒に味わう。 倒れて泣きだしてしまった子どもの側には寄り添う

第**4**章
保育の人的環境としての 保育者と子どもの発達

1節 人的環境としての保育者の役割

　園で過ごす子どもに対し保育者は人的環境としてどのような役割を担っているだろうか。まず「安全基地」（Bowlby, 1969; 1979; 1988）であると言えるだろう。登園するといつもと変わらない穏やかな笑顔の保育者がいる。このことが「今日は何をして遊ぼうか」という気持ちを高める。その次に保育者は，遊びを援助してくれる存在でもある。「これをして遊びたい」とイメージを膨らませた時に，活動を様々な形で援助してくれる人である。遊びが展開する過程での保育者の役割には，しっかりと落ち着いて遊べる時間と場所を保障することが加わる。遊びのきっかけから展開，さらに遊びが終わるところまでを見通して遊びを支える役割も求められる。このような保育者の役割を具体的な事例とともに確認してみよう。

1——遊びのきっかけ場面における保育者の役割

　以下は4歳児S男の「温泉づくり遊び」の事例（1〜6）である。

事例1　遊びのきっかけ

　S男は，週末に家族と温泉に出かけた。月曜日の朝，登園するとA保育者に「僕，温泉行ったんだ」と嬉しそうに話す。「そう，温泉行ったの。いいねえ」と保育者が対応すると「うん，気持ちよかった。お風呂が岩で囲まれているんだよ」と岩風呂のイメージを保育者に伝えようとする。「へえ，先生も行きたいな」とA保育者が言うと，S男は「僕，温泉作りたい」と言う。その言葉を受けて，保育者は「どんなふうに作る？」と問いかけた。

　登園して大好きな保育者に会い，休み中の楽しかった事を話すところで，この「温泉づくり遊び」のきっかけが生まれている。保育者に伝えたいという思いと，週末の楽しかった時間を再現したいという気持ちが感じられる場面である。S男が「温泉作りたい」と言った時に，保育者はそのタイミングを捉え「どんなふうに作る？」とイメージを具体的にすることを助けている。

　では，その続きを見てみよう。

事例2　イメージの広がり

　以前，キャタピラーを作った時に，段ボールを使用したことを思い出したS男は「僕，段ボールで温泉作りたい」と言う。経験から倉庫に行くと段ボールがあることを知っているS男は，「倉庫で段ボールを探したい」とA保育者に話す。「ちょうどよい大きさの段ボールがあるかな？一緒に探そうね」と言って，保育者とS男は倉庫に行き段ボールを探す。「ぼくが入れるくらいの大きさがいいの」と言いながら探すが，ちょうどよい大きさがない。A保育者は「これは少し小さいかもしれないけれど，どうかしら？組み合わせたらもう少し大きくなるかもしれないね」と言って，中で一番大きな段ボールを指す。「もっと大きいほうがいいけど」とS男は悩んだが，「組み合わせる」という保育者の言葉にヒントを得たようで「うん，これでいい」と納得する。保育室に戻ると，工作コーナーに空き箱がたくさんあるのを見つけたS男。それを見て「よし，これを使おう」と言って，その段ボールと空き箱を組み合わせて温泉を作り始めた。（写真）

　A保育者はちょうどよい大きさの段ボールが見つからない時，S男が温泉づ

くりを諦めることがないようにと願っていた。そこで「組み合わせたら…」という提案をしている。A保育者は空き箱との組み合わせを倉庫の中で思いついていたのだが，敢えてそのことは口にしていない。保育室に戻った時に空き箱が目に入り，S男があたかも自分が最初に思いついたように感じることを期待している。つまりヒントだけを与えているのである。S男は自分で思いついたイメージを形にできるということで，意欲がますます高まった。

2——遊びの展開場面での保育者の役割

事例3　時間と空間を保障する

　A保育者はS男が温泉を作り始めたのを見届けると，一旦S男から離れ他の場所から温泉作りを見守っていた。S男は段ボールと空き箱を組み合わせ，丁寧にセロハンテープで止め，1人で黙々とイメージを形にしていた。湯舟の形が出来てくると，他の子どもたちが興味を示し始める。「これ，なあに？」と聞くM太に対して，S男は作業の手を止めずに「温泉だよ」と答える。「入ってもいい？」と聞くM太に「まだダメ」と顔を見ずに作業を続けながら答える。M太は，温泉のイメージがうまくとらえられず「はい，入浴剤で〜す」と言いながら，何かをふりかける真似をしながら，遊びに加わろうとする。このようなやり取りがくり返されている様子をA保育者は視界の端に捉えていた。

　M太が「これ，なあに？」と聞いた時，作業の手を止めることなく，また顔を上げることなく答えているS男は，相当集中していると考えられる。友達に対応する時間も惜しいのだ。保育者のこの場面での役割は，時間と場所を十分に保障し，見守ることだろう。実習生などは，自身の手持ち無沙汰から「ねえ，何しているの？」などとつい声をかけたくなってしまうことがあるだろうが，そこは声をかけずに見守るという選択がよいと判断する場面である。

　一方，友達は面白そうなS男の遊びに加わりたくてしかたがない様子である。A保育者は少し過剰な友達の働き掛けを心配しながらも，声をかけることはせず，成り行きを見守っていた。

事例4　遊びをさらに発展させる援助

　空き箱が重なり，だいぶ高さがでてきて，湯舟のイメージが見えてきたころ，A保育者は近くのテーブルにさりげなく水色の大きなポリ袋を置く。S男

はそれを見つけ「あっ！　これがあった！」と言い，ハサミを持ってきて湯舟の底の大きさに合わせて水色のビニールを切り始める。それを湯舟の底に敷いてお湯に見立てると，満足そうにセロハンテープで固定し始めた。

　A保育者は，段ボールと空き箱で作られた湯舟の囲いの部分が出来上がってくると，もうひと工夫できないかと考えていた。そこで，水色のポリ袋をS男の近くに置く。S男のさらなるイメージの広がりや工夫，それによる意欲の高まりを期待したのである。保育室内は日ごろから空き箱やビニール袋，新聞紙，リボンなどの素材や，ハサミやボンド，糊，セロハンテープ，ステープラーなど自由に使って製作をする環境が作られている。そのため特に保育者が言葉を掛けなくても「あ！　これがあった！」というS男のひらめきにつながったと思われる。「やりたい」を実現できる空間，モノ，時間のすべてを保障することで，豊かな遊びが展開すると言えるだろう。

3──遊びが終わりに向かう場面での保育者の役割

事例5　遊びが不本意に終わりそうになってしまった時の援助

　M太は，S男が作っている物が温泉に見えてきたことが嬉しくて完成を待ちきれずに「僕，入るね」と言う。そしてS男が返事をする前に入ってしまう。一瞬S男は，自分より先に入ってしまうM太に不満そうな顔をしたが，テープで箱をつなげることに集中しているため，そのまま作業を続けている。M太が湯舟に入った様子を見た他の子どもたちは，同じく加わりたい気持ちを抑えきれなくなり集まってきた。そのうちの1人であるR介は，その湯舟の縁の部分に，さきほどの水色ポリ袋を袋の状態のまま持ってきて，セロハンテープで取り付け，「ぼくも隣に温泉作った」と便乗する。湯舟にM太が入っているのを見て，スペースが足りないと考えたR介は，隣にポリ袋を貼り付けることで，一緒に入っている気分を味わいたかったのだろう。S男は自分の作った湯舟に付けられたポリ袋を見て「ここに付けないで」と言うが，R介は楽しくてなかなかその手を止められない。さらに複数の子どもがポリ袋を持って集まってきて，同じことをしようとそれぞれが温泉を引っ張ったので，せっかく付けた空き箱を繋ぐセロハンテープが剥がれ始め，

湯舟が壊れてきてしまった。ついにＳ男は我慢の限界がきて、「ほらー、壊れちゃったじゃないかあ。だから、ここに貼らないでって言っただろ！」と泣き出す。そこにＡ保育者が登場し「あら、壊れてきちゃったの？」と声をかける。友達に言葉で怒りをぶつけるＳ男を見て、Ａ保育者は「でもさ、まずは直そうよ」と明るく声をかける。するとＳ男は落ち着き、保育者と一緒に修理を始めた。（写真）

　最初にＭ太が「これ、なあに？」「入ってもいい？」と聞いた時（事例3）にＳ男は向き合って返事はしなかったものの、興味を持ってくれたことに悪い気はしなかったのだろう。しかし、複数の子どもがやってきて自分のコントロールが効かない状況で湯舟に手を加え始めたところで、気持ちが変わってきた。その瞬間に、保育者は介入したのである。Ａ保育者はタイミングを見計らって間に入ったが、Ｍ太とＲ介を叱るという対応ではなく「でもさ、まずは直そうよ」と明るく前向きな方向で声を掛けた。

　これはＳ男の気持ちに一番近い対応だったと思われる。Ｍ太とＲ介が興味を持ってくれたことは嬉しいし、完成したら一緒に遊びたいという気持ちがなかったわけではない。でもみんなが参加してきて湯舟が壊れていくのは耐えられない、そんな気持ちだったのではないか。そのためＡ保育者の言葉に対してＳ男はすぐに納得し、落ち着いたのだと思われる。

　このように友達との葛藤などにより遊びが不本意に終わりそうになった時に適切なタイミングで声をかけ必要な援助をすることも、保育者の役割として求められている。

　なお、遊びが終わりになる際、次の活動へ期待をつなげることも保育者の重要な役割である。

2 節　保育者の役割と子どもの発達

1——発達の視点から見た遊びと保育者の役割

　事例を「育みたい資質・能力」の視点で見てみよう。段ボールや空き箱をセロハンテープでつなぎながら形を作っていく場面では「知識及び技能の基礎」

の育ち，空き箱を重ねて岩を表現したり，水色のビニールでお湯を表現したりするというような，どうしたら本物に近くなるか工夫する場面は「思考力，判断力，表現力等の基礎」の育ちが期待されるところであるだろう。試行錯誤しながら粘り強く取り組むという姿は「学びに向かう力・人間性等」と捉えられる。このような力を，保育者がさりげなく関わる中で子どもは育んでいると考えられる。

　次にこれらの事例を「幼児期の終わりまでに育ってほしい姿」の視点から見てみよう。温泉の体験という生活の中で感じたことを再現して楽しむ気持ちは，「社会生活との関わり」の芽生えである。それを言葉で保育者に伝えたいという気持ちは「言葉による伝え合い」の芽生えと捉えることができる。素朴な形ながらも子ども自身の表現しようとする意欲をしっかりと受け止める保育者の関わりは「豊かな感性と表現」につながる芽生えを支えている。事例3の姿は「数量や図形への関心・感覚」につながっている。事例5の友達とのトラブルやその後の保育者の言葉かけは「言葉による伝え合い」「道徳性・規範意識の芽生え」に向かう姿を支えていると考えられるだろう。

　遊びは学びである。遊びの活動そのものだけでなく，そこに付随するトラブルや葛藤からも学んでいることが，事例からわかるだろう。

　保育者は人的環境として遊びに関わる中で，子どもの学び，発達を様々な側面から支えているのである。

2──発達に必要な豊かな体験と保育者の役割

　幼稚園教育要領の第1章には教師の役割として「教師は，理解者，共同作業者など様々な役割を果たし，幼児の発達に必要な豊かな体験が得られるよう，活動の場面に応じて，適切な指導を行うようにすること」とある。この「豊かな体験」に不可欠なものは，子どもの興味関心などの実態や発達に即しながら保育のねらいを踏まえて整えられた環境であろう。言い換えれば子どもが「面白そう」「やってみよう」と思える環境である。わくわくしながらこの環境に主体的に関わることで豊かな体験は保障される。環境には保育者自身も含まれる。「適切な指導」は，子どもの活動を肯定的に受け止める保育者の姿勢や子どもの気持ちに寄り添う援助とも言い換えられるであろう。事例5では，保育

者は積極的に子どもたちの中に入っていき「あら，壊れてきちゃったの？」と声をかけた。しかし事例3や事例4では，特に声を掛けることなく遠くから見守っている。これは，場面に応じた適切な対応と言えるだろう。すべての場面で正解があるいうことではなく，その子どもの発達や場面の状況等，それぞれに合わせた臨機応変な対応が求められるということである。

　その後の保育のふり返りでは，子どもの姿を様々な学びの視点から見ていくことが大切である。この循環の中に指導計画が位置づけられるのである。「ねらい（保育者の願い）」を意識することで，より一層適切な環境設定や対応ができるだろう。さらに言えば，保育の評価は一定の基準に対する達成度の評定ではなく，その子どもがどれだけワクワクして，主体的に環境に関わり，豊かな体験ができたかどうか，であろう。そこをしっかりと捉えていくことは，人的環境としての保育者の，大きな責任である。

推薦図書

- ●『子どもの姿ベースの新しい指導計画の考え方』　無藤　隆・大豆生田啓友　フレーベル館
- ●『学びを支える保育環境づくり：幼稚園・保育園・認定こども園の環境構成』　高山静子　小学館
- ●『子どもの「やりたい！」が発揮される保育環境』　宮里暁美　学研

演習１　１つの場面における保育者の様々な関わりを考える

目的　保育者の様々な関わり方を考える力を養う。

方法　①材料　保育者と子どもとの関わりが写っている映像（市販の DVD など）。下の表の様式。②手続き　DVD 等で子どもが映っている１場面を少し見て，映像を止め，状況や場面を書く。その場面で，保育者として次にどのようなかかわり方があるのかを書き出す。４〜５名のグループで書き出した内容を発表し合い，適切な関わりを話し合う。

結果の例

状況・場面	考えられる保育者の関わり

演習２　保育者の関わりの影響を考える

目的　保育者の関わり方によって子どもの反応が異なることを理解し，適切な関わりを考える力を養う。

方法　①材料　演習１で考えた保育者の様々な関わり方，下の表の様式。②手続き　まずは個人で，それぞれの保育者の行動が子どもの発達に及ぼす影響を考えて書き出す。次にグループで，書き出したことを報告し合い，適切な関わりを考え合う。

結果の例

保育者の関わり	子どもの発達に及ぼす影響

第5章

子ども相互の関わりと関係づくり

1 節　遊びの中の関わり

　乳幼児期，子どもたちは徐々に相互の関わりを深めていく。本節では，仲間との関わりが遊びの中でどのように広がっていくのか，その背景には，どのような能力の発達があるのかを見ていくことにする。

1——遊び場面における社会的参加

　子どもは，どのように仲間と関わっていくのだろうか。1歳から12歳児までを対象とし，彼らが仲間と関わっている時間，そして大人と関わっている時間の変化を検討した研究がある（Ellis et al., 1981）。それによると，1歳から2歳ごろは，仲間よりも大人と関わる時間の方が多いが，3歳から4歳ごろになるとその関係は逆転する，つまり，2歳を過ぎたころから大人と関わる時間が減少し，仲間と過ごす時間が増加することが明らかにされている。

　2歳から5歳ごろの遊び場面における社会的参加を検討した古典的研究では，参加の形態が6種類に分けられている（Parten, 1932）。①何もしていない行動（遊び込んでいるようには見えない），②傍観（遊びに入らないが，そばで見ていて時折関わる：図5−1右端に立っている子ども），③ひとり遊び（他児

図5-1　砂場で連合遊びをする子ども（帽子をかぶった2人）と傍観する子ども（右端）（4歳児）

にかまわず，1人の世界で遊んでいる），④平行遊び（他児のそばで同じようなおもちゃで遊んでいるが，独立して遊び，他児の出入りなどに気をとめることもない），⑤連合遊び（遊びに関する会話はあるが，明確な指揮者はおらず，各自やりたいようにやっている：図5-1帽子をかぶった2人），⑥協同遊び（指揮者がおり，個々人が異なる役割や仕事を分担して遊ぶ）の6種類である。

　パーテン（Parten, 1932）は，低年齢児はひとり遊びや平行遊びをし，高年齢児は協同遊びのような高度に組織化された集団で遊ぶと報告している。この報告をふまえ，遊びにおける関わりは，ひとり遊びや傍観という形態から協同遊びのような高度な形態へと置き換わっていくようにとらえられがちである。しかし，たとえば5歳児において，「傍観」という形態を取りながら仲間入りのタイミングをうかがう姿や，「ひとり遊び」に没頭している姿が見られることから，これらが必ずしも未熟な形態であるとはいえないことも指摘されている。

2——遊びの展開と心的状態の理解の発達

(1) 人の心に気づく

　仲間との遊び場面において，様々な社会的参加ができるようになる背景には，認知能力の発達がある。とくに，人の心に気づく力の発達が果たす役割は大きい。

> **事例　5歳児：もう1つあった！**
> 　5歳児なかよしグループのサトシ，ユウ，カイ，ケン，そして4歳児数名が園庭で水路づくりをしている。4歳児は水運び係。5歳児は，4歳児が水を流すたび，うまく流れない部分を探し，サトシを中心にみんなであれこれ言い合い，砂を盛ったり深く掘り下げたりして傾斜をつけ，水路完成をめざしている。
> 　遊びの途中，偶然感触の良い砂をみつけたサトシ。みんなに向かって大きな

声で，「魔法の砂いる人？」と尋ねる。すると，カイとユウが同時に「はい！」とこたえる。サトシの顔に「どうしよう」という困惑の表情が浮かび，しばらく2人を見比べていたが，そのうち，「どちらにしましょうか」と歌いながら2人を交互に指さし始めた。そして，歌の終わりで指が向いたカイに砂をあげる。よろこぶカイのそばで，ユウが下を向いてじっとしている。

　砂をもらったカイは，ユウの姿に気づき，きまり悪そうな表情になった。重い空気が流れるなか，サトシが近くにあった石を拾い，「もう1つあった！」とユウに渡す。ユウとカイの表情がゆるみ，水路づくりの再開となった。

　友だち2人のうちどちらかを選んで魔法の砂をあげる，という状況に身を置いたサトシは，後腐れがない方法として「どちらにしましょうか」をすることにしたのだろう。公平なやり方で砂の行き先が決まり一件落着，と思いきや，ユウが砂をもらえなかった気持ちを切り替えられない。それを察したカイも，砂をもらったよろこびを出せず，遊びが止まってしまった。「砂が欲しいユウ」と「砂をもらってよろこびたいカイ」。2人の心が満たされない状況に気づいたサトシは，両者の心を満たす方法として，「もう1つ」という案を考え出したのではないだろうか。

　この事例のように，遊びの中では，思っていることや感じていることにすれちがいが生じる場面が多く観察される。そのような場面で，すれ違いをすり合わせ，遊びを展開する力の基礎となるのが，人の心に気づく力の発達である。

(2) 心的状態の理解の発達

　子どもは，どのようにして人の心に気づき，理解していくのか。この問いは，1980年代以降，「心の理論」研究で大きく取り上げられ，検討が進められてきた。心の理論とは，人の心，とくに信念，意図や知識といった，「認知的な心的状態」を推測し，自他の行動を説明したり予測したりする力である。この力が幼児期に著しく発達することについては，多くの研究が認めてきた部分である。

　では，目の前の幼児が心の理論を獲得しているか否かを調べるにはどうしたらよいのだろう。ウィマーとパーナー（Wimmer & Perner, 1983）が考案し，その後，広く使われるようになった，「誤った信念課題」を紹介しよう。

　誤った信念課題では，紙芝居などを用いて，子どもに次のような内容の話をする。主人公の男の子がお菓子を戸棚にしまう（図5-2紙芝居①）。男の子が

部屋を出たあと，女の子がやって来て戸棚からお菓子を出し，冷蔵庫にしまう（紙芝居②③）。そこへ男の子がもどって来る（紙芝居④）。そして，話の最後に，「男の子は，お菓子がどこにあると思っているか」「男の子は，お菓子を食べようとして最初にどこを探すか」といった心の理論に関わる問いがなされる。

　この問いに，3歳ごろの子どもは，今お菓子が入っている「冷蔵庫」と答えるが，4歳以降になると，われわれの考えと同様に，「戸棚」と答える率が高まる。問いに「戸棚」と答えるためには，頭のなかで，「今お菓子は冷蔵庫に入っているが，それを知らない男の子は，自分がしまった戸棚に入っていると誤って信じている。もどって来た男の子は，お菓子を食べたいので最初に戸棚を探す」といった具合に主人公の認知的な心的状態を推測し，行動を予測する必要がある。誤った信念課題への正答を支える力として，①実行機能（抑制制御，認知的柔軟性，ワーキングメモリ），②表象の性質についての理解（現実の表象と自分の表象の区別など），③時間的な広がりをもって出来事を捉えることの3種類が指摘されている（佐久間，2017）。保育者は日々の保育の中で，心の理論と関連する力の育ちについても意識し，関わりを考えていく必要があるだろう。

図5-2　誤った信念課題の紙芝居（森野，2009）

　また，「心の理論」研究が進むにつれ，心の理論と感情理解（喜怒哀楽のような感情的な心的状態に関わる理解）は，発達とともに徐々に関連し，より複雑で統合的な心的状態の理解へと進むのではないか（内藤，2007）という見方が示されている。さらに，乳児期から児童期以降の心の理論の発達を捉えるには，ここで紹介した誤った信念課題への正答の有無を越えたレベルの検討や議論が必要であることも示されるようになってきた（詳しくは，子安・郷式，2016）。心的状態に関する理解の発達については，研究と実践の両面で，幅広く長期的に捉えていく必要がある。

 節　保育者による関係づくり　

　前節では，子どもたちが相互に関わりを深めていく姿をみてきたが，その背景には，保育者の意図的な関わりが隠されていることが多い。ここでは，子どもたち相互の関係づくりのため，保育者がどのような関わりをしているかをみていく。

1 ── 心的状態に気づくきっかけ

　心的状態への気づきは，仲間とのいざこざの中でみられることがある。いざこざは，自他の心的状態が異なるために生じることが多い。年齢があがるにつれ，当事者どうしですり合わせを行う姿がみられるようになるものの，心の理論を獲得しつつある段階では，すり合わせがうまくいかない姿をよくみかける。このような場面では，保育者の関わりが重要な役割を果たす。

> **事例1　3歳児：今コウくんが使いたいんだって**
>
> 　手洗い場でコウが色水遊びをしている。蛇口の下に赤い色水が入ったバケツを置き，水道水を少し加えては手の平で色水の水面を触り，満足そうにしている。そこへ，ペットボトルを持ったリョウがやってくる。リョウがコウを押し，コウの蛇口から水を入れようとしたため，押し合いになる。
> 　その様子に気づいた保育者が，「ねえねえ，お相撲ごっこしよるん？」と2人に関わる。コウが半泣きでリョウを押しのけようとする姿をとらえた保育者は，「痛い痛いになるよ。コウくんはどうしたいん？」と尋ねる。蛇口に手をかけて水を出そうとするコウ。保育者は，「1人でお水使いたかったん？」とコウの思いを代弁し，リョウに「ここのお水，今コウくんが使いたいんだって」

> と伝える。さらに，「リョウくんもお水入れたいん？　こっちもあるよ」と隣
> の蛇口をひねり，水を出してみせる。リョウはコウを見ながら隣の蛇口を使
> い，２人が互いを意識しながら水を使っている。
> 　しばらくたったあと，リョウがペットボトルにためた水をコウのバケツに入
> れる。コウがそれを受け，２人でバケツの中に水をためる遊びが始まった。

　この事例からは，保育者の関わりがきっかけとなって互いの心的状態に気づ
き，相手がどうしたかったのかを理解していく様子がうかがえる。いざこざは，
保育者の関わりによって，他者の心的状態に気づくチャンスとなる。また，そ
の一方で，自己の心的状態に気づくチャンスともなる。

　心の理論研究では，他者の心的状態の理解と同じように，自己の心的状態の
理解についても課題が考案され（Perner et al., 1987），検討が進められている。
それによると，３歳ごろは自己の誤った信念を正しく想起することが難しいが，
年齢があがるとともに想起できるようになるという。

　「コウくんはどうしたいん？」「１人でお水使いたかったん？」という保育者
の言葉は，リョウにコウの心的状態を伝える役目にとどまらず，コウが自己の
心的状態を理解するための役割も果たしているのである。

２──いざこざ場面での関係づくり

　１では，いざこざ場面に心的状態の理解を発達させるきっかけがあることを
学んだ。では，心的状態への気づきをもとに，仲間関係を作る力を育んでいく
には，どのような関わりが必要なのだろうか。

　３歳児から５歳児のいざこざに焦点をあて，保育者の関わりを検討した研究
がある（友定ら，2009）。友定らは，500枚をこえる保育記録をもとに，保育者
がいざこざ場面で子どもたちに何を育て，伝えようとしているかを分析した。
その結果，保育者の関わりは，表５-１のように大きく４種類に分けられたと
いう。子どもたちは，このような意図をもった保育者の関わりに支えられ，い
ざこざをきっかけに仲間関係を作る力を育んでいくのである。

　保育者の関わりには，年齢によって差がみられ，図５-３に示すように，「気
持ち・要求の代弁」「状況を子どもに説明」「解決策の示唆・提案」は３歳児に
多く，年齢が進むにつれて少なくなっていること，「見守る・待つ」は，他の

表5-1　いざこざ場面における4種類の関わり（友定ら，2009より作成）

関わりの種類	具体的な関わり
（1）共生の体験を支える 　いざこざには，相手に対する関心が根底にあるととらえ，子どもたちの思いをつなぎ，共生の体験になるようにする	気持ち・要求の代弁 交渉・話し合いの提案 謝罪の提案
（2）一緒に解決法をさがす 　保育者に支えられ，さまざまな解決法を具体的に体験することを重ね，みずからでいざこざを回避，解消，解決できるようにする	状況を子どもに説明 解決策の示唆・提案 状況・原因を尋ねる
（3）自己回復を支える 　自身で問題に対処できるよう，子どもの状態を受けとめ，支えることで，身体的・心理的基盤を整える	見守る・待つ 気持ちの受けとめ 認める・ほめる
（4）価値・規範を伝える 　人と一緒に生活していくための規範（善悪・価値・文化）を伝える	説得 説諭

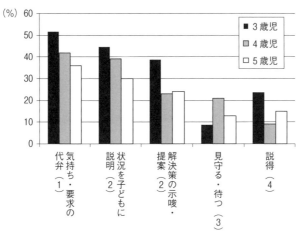

図5-3　子どもの年齢と保育者の関わり（友定ら，2009より作成）
注）かっこ内の数字は，表5-1の4種類の関わりにつけた番号

年齢よりも4歳児で多いこと，が明らかにされている。保育者は，子どもたちの発達の状況にあわせて，目の前のいざこざへ関わり，仲間関係をつくる力を育む役割を担っているのである。

📖 **推薦図書**─────────────────────

● 『「心の理論」から学ぶ発達の基礎─教育・保育・自閉症理解への道』子安増生　ミネルヴァ書房

演習1　子どもどうしの関わりから子どもの捉え方を学ぶ

目的　子どもが他児との関わりをどのように捉えているかを推測する力を養う。
方法　①材料　子どもどうしの関わりが映っている映像（市販の DVD など）。
下の表の様式。②手続き　子どもどうしの関わりが映っている1場面を少し見
て，映像を止める。その映っていた関わりを行動レベルで書き出し，関わって
いる間に，それぞれの子どもが相手をどのように捉えているのかを考えて話し
合う。

結果の例

関わり（行動レベル）	子どもによる相手の捉え方
砂場で，A児がスコップで砂を掘り遊んでいる。掘った砂を離れた所に繰り返し掘り投げている。隣で遊んでいたB児が，A児が使っているスコップに手を伸ばし取ろうとする。	A児：自分の世界で遊んでおり，隣で遊んでいたB児の存在に気づいていない。B児：自分もスコップを使って遊びたい。A児ではなく，スコップを見ている。

演習2　子どもどうしの関係作りを意図した保育者の関わりを考える

目的　子どもによる様々な相手の捉え方に対して，関係作りを意図した場合の
保育者としての関わり方を考える。
方法　①材料　演習1で作成した表。下の表の様式。②手続き　まず自分で表
を埋める。その後，小グループで，関係作りを意識した関わり方について，自
分の考えを発表し合う。

結果の例

子どもによる相手の捉え方	関係作りを意識した関わり方
B児：自分もスコップを使って遊びたい。A児ではなく，スコップを見ている。	「Bちゃんは自分もスコップが使いたいと思ったんだね。でも，今はAちゃんがスコップで遊んでいるね。AちゃんはBちゃんが使いたいっていうこと，知らないみたい。どうする？」「『ちょっと貸して』って言ってみる？」

第**6**章

集団における経験と育ち

　本章では，家族から離れてはじめて集団に入った幼児の4月から5月にかけての事例をもとに，集団や仲間との関わりを支えるための保育者の役割について考えていく。

1 節 はじめて集団に入った幼児の事例から

　新設された小さな保育園の異年齢（年少〜年長児）クラスに入園し，はじめて集団を経験することとなった年中女児ミドリ（以下，幼児はすべて仮名）の事例（越中，2003）を紹介しよう。開園当初の4月初旬，園はまだ落ち着いておらず，保護者と離れて泣きじゃくる幼児も多い中，ミドリは，登園を渋ることもなく，園生活への適応に目立った困難を示す様子もなかった。そんなミドリに対して，著者ら保育者は「大人しくて，しっかりした子」という印象を持っていた。しかし，自由遊び時間に何もせずにいたり，1人で絵本を読んでいたりと，仲間との関わりが少ない様子が気にかかっていた。

　4月中旬，他の幼児たちが落ち着いてきた頃になって，母親から「ミドリが家で『保育園に行きたくない』と言うようになった」と知らされた。保育者らは遊びが充実していないことが原因であろうと考え，ミドリが仲間との遊びに

参加できるよう，特に意識的に働きかけるようにした。ミドリは引っ込み思案で自ら仲間入りができない様子であったため，保育者らが仲立ちするよう心がけた。他方でミドリは，ひとたび仲間入りすると突如主張的になり，遊びをコントロールしようとする一面もあった。そのため仲間が離れてしまい，遊びが持続せず，再び1人取り残されるということが繰り返された（事例1）。

> **事例1　遊びに入れない・遊びが続かない（4月22日）**
> 　保育室内の小屋（プレイハウス）の中で女児数名がにぎやかに遊んでいる。しかし，ミドリは入ることができず，暗い表情で外からじっと見ている。それに気づいた保育者がミドリの手を引き，遊びの中心になっていた年長女児に「ミドリちゃんと遊びに来ました。入ってもいい？」と声をかける。「いいよ」と返事があり，ミドリは保育者に促されて中に入る。女児たちは小屋の中をぬいぐるみで満たし，その中に埋もれて「気持ちいいね」と言いながら遊んでいた。ミドリも笑顔になり，「気持ちいい」と興奮した様子であった。
> 　しばらくして，小屋の中が狭いという話になる。みんなが「狭いね」と喜んでいる中，ミドリが会話を仕切りはじめ，「5人になったらどうする？　5人になったら（新たに入ってくる子に）出てもらおう」と言い出す。それ以降，誰かが中に入ってこようとするたびに，ミドリは「ダメ！」と叫んで追い払い，「ここは5人しか入れんのんよね」と同意を求める。年少女児のナミだけは「入れんのんよね」とその都度同意を示したが，他の仲間はつまらなそうな表情を示し，徐々に小屋から離れていく。やがてナミもいなくなり，ミドリ1人が取り残される。

　しかし，5月に入る頃，事例1に出てきた年少女児のナミが，ミドリを慕っていつも一緒にいるようになり，入園前からナミと親しかった年少女児のトモコも加わって，3人で手をつないで会話する様子が見受けられるようになった。保育者らが安堵した5月の連休明け，次のような出来事が生じた（事例2）。

> **事例2　「2人がいいの！」（5月6日）**
> 　ミドリが，ナミ・トモコと手をつないで会話しているところに，年中男児のアキオがやってくる。アキオはふざけて大きな声を出し，ミドリらを驚かす。ミドリは笑顔で「逃げろ」と叫び，ナミとトモコの手を引いて，アキオに追われて室内を走り回る。そこに他の女児たちも加わり，追いかけっこに発展する。その間，ミドリとナミは手をつなぎ続ける。
> 　やがて遊びは終息し，ミドリとナミは手をつないだまま保育室内をうろうろ

しはじめる。そこにトモコがやってきて，再びミドリ・ナミと手をつなごうとするが，2人は無視して移動する。トモコが泣き出したため，保育者が「トモコちゃん手つないでほしいみたいだよ」と話しかける。すると，ミドリはめずらしく興奮した様子で「2人がいいの！」と言い，ナミも「ねー」と同意を示す。保育者が「3人は嫌なの？」と尋ねると，ミドリは「3人は多いの，2人がいいの！」と答える。ミドリとの会話の途中で，トモコの関心が移り他児と遊びはじめたため，保育者は「トモコちゃんも一緒に遊びたかったんだと思うよ」と伝え，その場を離れた。

　その当日（6日）・翌日（7日）と，ミドリは自由遊び時間のほとんどを，ナミ・トモコと手をつないでの移動や会話に費やした。一方で，気がつくとトモコが取り残されて泣いているということも度々あった。保育者らはその都度ミドリとナミを諭し3人で遊ぶよう促したが，同じことが繰り返された。翌8日もミドリはナミとともにいたが，その際には次のようなことがあった（事例3）。

事例3　2人でいるところを邪魔された？（5月8日）

　ミドリとナミが，保育室内にあった花の輪飾りを誕生日ケーキに見立て，「ハッピーバースデー」を歌った後，ろうそくの火を吹き消す真似をするという遊びを繰り返している。2人が歌っている最中に，年少女児のシズカがやってきて，遊びに加わろうと火を吹き消す真似をする。歌の途中で入り込んできたシズカに対して，ミドリが「だめよ，歌終わってから！」と怒る。ミドリに呼応するように，ナミがシズカを叩く。シズカがナミに嚙みつく。ナミは激しく泣き出す。

　この出来事から，ミドリはシズカに対してネガティブな感情を持つようになったのか，翌9日にはさらに次のような出来事が生じた（事例4）。

事例4　「あんたはかわいくない」（5月9日）

　登園後まもない時間帯，ミドリを中心として，ナミ・トモコおよび年少女児1名が手をつないで会話をしている。そこに，シズカがやってきて「トモコちゃん」と声をかけ仲間に加わろうとする。しかし，ミドリが「あんたは仲間に寄せん」と言い放つ。ナミも真似して「あんたは仲間に寄せん」と言う。さらに，ミドリは，シズカに対して「あんたはかわいくない」と言う。

　他方，ナミはシズカに敵意を抱いている様子はなく，その場に留まっている

シズカに自ら手を差し伸べる。しかし，それを見たミドリが2人の手を引き離す。シズカは諦めず，手を差し伸べてくれたナミに「かわいいでしょ」と言って自分の髪飾りを見せる。それに対して，ミドリが「かわいくない」と言う。ナミも真似して「かわいくない」と言いながらシズカを押しのける。シズカが転んで泣き出す。

　この直後，保育者が間に入り，両者の言い分を聞いた上で，シズカに対して謝るようミドリとナミに働きかけた。ミドリとナミが謝り，その場は収まった。

これ以降，保育者らはミドリの様子を特に気にかけるようになり，まもなくミドリとナミがトモコを断続的に仲間外れにしていることに気づいた（事例5）。

事例5　トモコを外す行為の一例（5月10日）
　ミドリが，ナミ・トモコと群れて，保育室内をうろうろしている。突如ミドリとナミが手をつないで走りだす。トモコも手をつないでもらおうと2人を追いかけるが引き離され，泣き出す。2人は離れたところからトモコを見て，顔を見合わせて笑う。一部始終を見ていた保育者が「どうしたの？」と尋ねると，ミドリ・ナミともに「知らない」と答える。

また，5月9日の出来事（事例4）以降，ミドリはシズカを無視するようになった。ナミは，ミドリがいないときにはシズカと遊ぶことはあるものの，ミドリといるときにはミドリに同調してシズカを無視した（事例6）。

事例6　シズカを無視する行為の一例（5月13日）
　シズカが滑り台で遊んでいる近くをミドリとナミが通りかかる。シズカは2人を追いかけ「滑り台を…」と話しかけるが，ミドリはシズカの方に目もくれず，「やーだもん」と言ってその場を通り過ぎる。ナミも同調して「やーだもん」と言う。ミドリがナミに「行っちゃうもんね」と同意を求めると，ナミも「行っちゃうもんね」と応え，笑いあう。

保育者らは，再三にわたって，トモコやシズカが悲しい気持ちでいることを伝えたり，自分が同じことをされたらどんな気持ちになるかを問うたりと，ミドリとナミを諭す働きかけを行った。しかし，こうした働きかけは有効でな

かった。ミドリもナミも，その場は保育者らの働きかけに素直に応じるが，保育者らがその場を離れると，すぐに同様の行為を繰り返した。ミドリがトモコやシズカの悲しい気持ちを理解していることは，事例5・事例6からもわかる。

2 節　幼児の集団・仲間との関わりを支えるために

　いつしかミドリはナミとトモコとの3者関係においてリーダー的存在になっていた。3者が群れているところに他の幼児（多くは年少女児）が集まってくることもあり，ミドリは活発で主張的な言動を示すことが多くなった。他方，それ以外の場面では，ミドリはこれまでと同様に消極的で不安げな様子を示していた。また，この時期においても，ミドリは，ナミに対してすら，自分から声をかけて遊びに誘うことができなかった。ミドリは毎日，登園してからナミが誘ってくれるまで待ち続けていた。ほとんどの場合，ナミがミドリに手を差し出し2人で手をつなぐこととなるが，ナミが他の遊びに関心があるときなどには，ミドリは1人取り残され，何もできなかった。象徴的な事例を以下に示す。

事例7　「寂しい。遊べない」（5月10日）

　午後，子どもたちが降園する時間が近づいた頃，保育園に新しいままごとセットが届いた。降園まで，保育室の隣の部屋で，みんなでままごとをして遊ぶこととなった。幼児は誘い合って，保育者らとともに隣の部屋に移動して遊びはじめる。しばらくして，保育者が，ミドリがその場にいないことに気づき保育室に戻る。

　ミドリは人がいなくなった保育室に1人で座って，暗い表情をして髪の毛をいじっている。保育者が「どうしたの」と声をかけると，ミドリは「寂しい。遊べない」と答える。移動する際，ナミに誘われなかったのであろうと考え，保育者が手を引きナミのもとへ連れて行く。しかし，ナミは既に他児との遊びが盛り上がっており，ミドリが近くにきても関心を示さない。ミドリは無言のまま床に伏して泣き出す。

　ミドリがトモコやシズカを仲間外れにする背景には，こうした不安な気持ち・孤独感があったのではないだろうか。ミドリは引っ込み思案で自ら仲間入りができない一方で，仲間に対して過度に自己主張してしまう一面もあり，遊

びを持続させることが難しかった。そうしたミドリにとって，ナミは唯一，自分を積極的に慕ってくれる仲間であった。ミドリは，ナミと一緒にいることで自らの不安を低減していたが，その遊びは手をつないでの会話が中心で発展性がなかった。それ故，時折トモコを仲間外れにすることに楽しみを見出し，それによってナミとの結びつきを確認し，強めようとしていたのかもしれない。

思い返してみると4月初旬，開園当初の混乱の中で，泣いたり騒いだりしている他の幼児たちにばかり意識が向いていて，「大人しくて，しっかりした」ミドリをしっかり受け止めることができていなかったのではないだろうか。こうした反省から，保育者らは，5月中旬頃から，ミドリに対して受容的に働きかけるよう心がけた。ミドリが園において寂しいと感じることのないよう，特に登園時や1人でいるときになどに積極的に関わるようにした。

ミドリは，当初は保育者らが働きかけても無表情でいることが多かったが，徐々にはにかんだような笑顔を見せるようになった。6月になると，ミドリは，自分から保育者らに「おはよう」と挨拶をしたり，ちょっかいを出したりするようになった。また，「絵を描きたい」「折り紙がしたい」などと自分の思いを口に出し，保育者が見守る中，ひとり遊び・平行遊び（定義は第5章参照）的にこれらの活動にじっくり取り組むようになった。こうした変化の中，気がつくと，ナミと一緒にいることに対する強いこだわりもなくなっていた。

その後，ミドリは，設定保育やお集まりなどの際にも，みんなの前で，自分の思いを口に出すことができるようになり，ドッジボールなどの協同遊びにも好んで参加するようになった。さらにミドリは，こうした活動に従事するようになってから，自然とトモコだけでなくシズカとも遊ぶようになっていた。事例3や事例4において，ミドリがシズカに対して強い敵意を示していた背景には，ナミとの関係を邪魔され，ナミを奪われてしまうという不安があったのかもしれない。このような変化の後も，ミドリはどちらかと言えば大人しい子であったが，集団の中での不安げな様子は認められなくなっていった。

さて，この章で紹介した仲間外れなどの行為は，関係性攻撃（relational aggression）と呼ばれる。関係性攻撃を示す子どもは，抑うつ感や孤独感が高く（Crick & Grotpeter, 1995），特に女児ではゲームや集団活動への参加が少なく（磯部・佐藤，2003），遊び時間の多くを会話や移動に費やし，協同遊び

に参加せず，特定の仲間とのみ関わる（Isobe et al., 2004）傾向にあるとされる。また，攻撃的な子どもは仲間から拒否されやすく，拒否されることで孤独感を感じ，仲間と関わる機会が減少することで社会性の発達が阻害されるという悪循環に陥るリスクが高いとも指摘される（前田，2001）。こうしたリスクを低減する上でも，子どもたちの不安や孤独感を取り除くことが，当たり前ながら大切となる。保育者が一人ひとりの子どもの安心を保障することこそが，集団での豊かな経験と仲間との楽しい遊びを支える基盤となる。

推薦図書

●『子どもの仲間関係における社会的地位の持続性』　前田健一　北大路書房

演習1　集団の特性を考える①（場所・教材）

目的　1人でする活動，友達や保育者と2人でする活動，集団でする活動を比較する中で，集団の特性を考え，集団の良さに気づく。

方法　①材料　下の表の様式。②手続き　場所や教材を1つに絞り，その場所やその教材を使った活動の中で1人でする活動，友達や保育者と2人でする活動，集団でする活動を考える。次に集団ならではよさを考える。考えたことを5〜6人のグループで発表し合う。

結果の例　砂場での穴を掘る活動の例

1人でする活動	2人でする活動	集団でする活動
穴を掘る	協力して，より深い穴を掘る	協力して，より深い穴を掘る 様々な穴を掘り，比べ合う
集団の良さ 比べ合ったり，イメージを共有し合うことができる。		

演習2　集団の特性を考える②（遊び）

目的　1人でする遊び，友達や保育者と二人でする遊び，集団でする遊びを比較する中で，集団の特性を考え，集団の良さに気づく。

方法　①材料　下の表の様式。②手続き　走る遊びやごっこ遊びなど，動きを限定し，1人でする遊び，友達や保育者と2人でする遊び，集団でする遊びを考える。次に集団ならではよさを考える。考えたことを5〜6人のグループで発表し合う。

結果の例　走る遊びの例

一人でする遊び	二人でする遊び	集団でする遊び
1人で走る。	追いかけっこ。競争。	リレー，鬼ごっこ（●●鬼ごっこなど膨らませられる）。
集団の良さ ルールのある遊びが可能。意見を言い合うことで折り合いをつける力が養われる		

第**7**章
葛藤やつまずき

1 節　幼児期に経験する葛藤やつまずき

　幼児期に子ども達が経験する葛藤やつまずきは様々であるが，ここでは，幼稚園・保育園において担任保育者から1人でいることが多いと指摘された子どもの事例を通して考えてみよう。

事例1　4歳女児（モモカ）

　4歳児クラスのモモカは，仲良しのカナエと一緒にお絵描きをしている。カナエが描くオニの絵を横から覗きこみ，モモカも真似をしてそっくりな絵を描いていたが，カナエが他の絵を描き始めてからはマツゲや鼻を描き加えて自分なりのオニを描いていた。すると，カナエが「お絵描きおしまいにしておままごとしよう！」と言いテントに移動し始めた。モモカは，しばらくノートを見つめていたが，ゆっくりとカナエの後を追いかけた。すでにテントの中ではカナエと2名の子どもが遊んでおり，モモカはテントの外から黙ってその様子を見つめていた。

事例2　5歳女児（ヤスト）

　5歳児クラスのヤストは，同じクラスの男児5人が砂場で水路作りをしているところへ行き，「入れて！」と声をかけた。5人のうちの1人が「ヤスくん

入りたいんだって」と他の仲間に声をかけると、別の1人が作業をしながら「いいんじゃない」と答えた。張り切った様子でヤストもシャベルを持って来て砂を掘り始めるが、他の子が作っていた山を崩すように掘ったため、厳しい口調で仲間達から責められてしまった。その後はみんなから少し離れたところで、1人で穴を掘っていたが、近くを通ろうとした4歳児に対しては、「ここは通行止めです、あっちに行ってください」と強い口調で注意する様子も見られた。

　事例1のモモカと事例2のヤストは、泣いたり怒ったりはしていなくとも、自分自身の中での葛藤、仲間との葛藤が生じている可能性がある。たとえば、モモカは、もっとオニの絵を描いていたかったけれど、しかたなくそれを中断したように見えるし、テントの中では、すでに他の子とカナエとの間でおままごとが始まってしまっていたため、仲間に入っていけなかったようにも見える。ヤストは、「入れて！」と言っても、すんなりと仲間に入れて貰えないし、いざ水路を掘るとやり方が適切でないと怒られてしまう、というように、なかなか仲間との遊びを継続することが難しいことが伺われる。年下の子に対して高圧的な発言をしてしまうせいで、より孤立を深める可能性もあるだろう。

　エッカーマンら（Eckerman et al., 1974）によれば、同じ部屋に母親と他の子どもがいる状況において、2歳ごろになると母親よりも他の子どもに対する働きかけが多くなるとのことである。幼稚園・保育園という仲間集団において、仲間と一緒に遊びたいという欲求はごく自然に生じうるものであるが、様々な理由でその欲求が満たされない、すなわち葛藤状態を経験することがある。

　仲間関係のみならず、社会で生きていく上では思い通りにならないがゆえの葛藤やつまずきを経験することは避けられない。それらをみずから乗り越えていくために必要な力の1つとして、次節では社会情動的スキルを取り上げる。

2 節　葛藤やつまずきを乗り越える力：社会情動的スキル

　OECD（経済協力開発機構）は、2015年の報告書の中で、今後教育で育むべき能力として、社会情動的スキル（ないしは非認知能力）をあげている。その根拠の1つとしてあげられるのが、アメリカで行われたペリー就学前計画であ

る。この計画は，貧困層の子ども達の一部に質の高い幼児教育プログラムを施し，約40年に渡って追跡調査をしたもので，このプログラムを受けた子どもは，受けなかった子どもと比較して，高校の卒業率や大人になってからの収入が高く，生活保護受給率や犯罪率が低いことなどが明らかにされた（Heckman, 2013）。一方で，IQ（認知能力）の高さに関しては，プログラムを受けた者と受けなかった者で長期的には差が見られなかったことから，幼児教育で育まれた社会情動的スキル（非認知能力）が大人になってからの生活にまで影響を及ぼしたのだろうと考えられたのである。

　では社会情動的スキルとは何を指すのだろうか。OECD（2015）は，図7-1に示すように，知識，思考，経験の獲得に関係する認知的スキルと対になるものと考えている。右に具体的な3つの下位スキルが示されている。目標の達成とは，目標に向かって自分の欲求や衝動を抑えつつ粘り強く物事に取り組めること，他者との協働とは，他者への敬意や思いやりを持ちながら相互にとって望ましい方法で付き合えること，感情のコントロールとは，前向きな気持ちを維持しながら行動できることと言えるだろう。

　以下では目標の達成に関係するものとして自己制御（ないしは実行機能，狭義では自己抑制とも言われる），他者との協働に関係するものとして社会的スキル，感情のコントロールに関係するものとして自尊心について述べる。

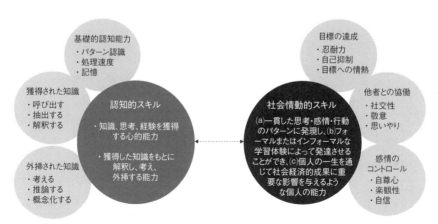

図7-1　社会情動的スキルと認知的スキル（OECD, 2015／無藤・秋田, 2018）

1——自己制御

　自己制御は，一言で表現するなら，自身の欲求，感情，思考，行動をコントロールする力のことである。

　自己制御を測定する有名なテストに，マシュマロ・テストがある（Mischel, 2014）。子どもの目の前においしそうなマシュマロを１つ置き，今すぐ食べるならマシュマロは１つだが，もう20分食べずに待てたらマシュマロを２つあげると約束して，子どもを１人にする。このテストは，子どもが今すぐ自分の欲求を満たしたいという衝動を我慢して，長期的なメリットを選択できるかどうかを調べるもので，自己制御の中でも，欲求や感情を制御する力を測定する方法の１つである。

　目標に向かって行動するためには，目標を覚えておくことや，目標とは関係ない情報を無視することなど，思考や注意を制御する能力も必要となる。たとえば，ロッカーにカバンをかたづけにいく途中で，気になるおもちゃで遊び始め，かたづけを忘れてしまうことや，事例２のヤストのように，穴掘りに夢中になった結果，仲間の遊びを邪魔してしまうこともある。このように，ついつい身体が反応しそうになるのを抑制して今やるべき行動を優先させることも自己制御の１つである。

　この自己制御能力は，３，４，５歳と年齢が上がるにつれて著しく発達することが明らかにされている（たとえば， Carlson, 2005）。しかし，その後も児童期，青年期とゆっくりと時間をかけて発達する能力であるため（たとえば，森口，2018），幼児期のうちに大人と同じレベルでの自己制御をすることは，とうてい困難である。自分の思い通りにならないときに，お友達を叩くことで解決することをくり返してきた子どもが，先生に教えられて「叩くことはいけない」と頭では理解しても，強い怒り感情や今までの習慣的な行動を制御できず，結局お友達の頭を叩いてしまう，ということは起こりうる。「わかっている」けれど「制御できない」からやってしまうという子どもの中での葛藤が生じることを，子どもと関わる大人は理解しておかなくてはならない。

2——社会的スキル

　社会的スキルとは，他者との関係を円滑に進めるための技能である（髙橋ら，2008）。幼児期の社会的スキル・トレーニングにおいてよく取り上げられる行動を表7-1にあげる。実際に必要な社会的スキルはこれらにとどまらないし，年齢によってもどこまでできるべきかが異なる。大人は，その子どもに不足している今必要な社会的スキルを見い出し，実際に使えるように関わっていくことが求められる。たとえば，先述の事例1のモモカは，「まだお絵描きをして遊びたい」と言ったり，「テントに入れて」と頼んだりする主張性スキルが不足している可能性がある。事例2のヤストは，必要な行動は身についているようでも，その方法や加減が適切に行えないように見受けられる。5歳児にもなれば，相手の状況に合わせて「どのように」行動するべきかがスキルとして求められるということであろう。

3——自尊心

　自尊心とは，自分自身を肯定的に捉える感情，自分を価値ある存在として捉える感覚のことである。基本的に，幼児期の自分に対する評価はポジティブである。たとえば，5歳児に対し，「〜ちゃんは自分のどんなところが好きかな？」「自分のどんなところが嫌い？」という2つの質問をしたところ，好きなところのみ答えた子どもが32名中20名を占めたことが報告されている（佐久間，2006）。それにもかかわらず，自分の嫌いなところばかりあげる子どもや，

表7-1　幼児期の社会的スキルの例（佐藤，2006から一部抜粋）

①友達づくりスキル	
・人に挨拶する	・協力する
・仲間に入れてと頼む	・順番を守る
・承認の気持ちや共感を示す	・物を分け与える，共同で使う
・援助を申し出る	・仲間たちと同じ活動をする
②主張性スキル	
・自分の感情や意見を表現する	・人の意見にはっきりと賛否を示す
・相手からの不合理な要求を断る	・目や顔を見て話す
③対人間問題解決スキル	
・トラブルを解決するための方法を見つける	
・一つの解決策がうまくいかなかったときに，別の解決策を実行する	

自信が無さそうな子どもがいたときには，配慮が必要である。

　自尊心が高ければ，何かにつまずいたときも，その結果を前向きに捉え，その後も積極的に行動できる可能性が高まるだろう。そのために，大人は子どもの良いところや過去の成功体験を具体的にあげながら励まし，次はうまくいくかもしれない，という気持ちに向けていけることが望ましい。

 節　葛藤やつまずきを乗り越えるための環境

1——社会情動的スキルをはぐくむ家庭環境

　乳児期の頃には，養育者との間に安定したアタッチメント（情緒的な結びつき）を形成することが重要になる。泣いて不安や不快を示す子どもに対し，養育者が敏感に反応し，慰めてあげることによって，子どもは感情をコントロールするという感覚を学ぶ。幼児期においても，家庭における温かな関わりは大きな意味をもつ。具体的には，家族といつも一緒に歌ったり，遊んだり，夕食を食べたりする子どもは，感情を理解する能力が高く，共感を表現したり，自己制御を示したり，仲間や大人と肯定的な関係を築いたりする傾向にあることが大規模縦断研究の結果として報告されている（Muñiz et al., 2014）。

　一方で，社会経済的地位の低い家庭の子どもは，ストレスを感じる機会や虐待のリスクが高く，そうした経験が，自己制御を行う脳の部位（主に，前頭前野）に直接的なダメージを与えることが明らかになっている（友田・藤澤, 2018）。家庭環境にリスクを抱えている子ども達に対し，教育施設や地域社会が果たすべき役割は大きい。

2——保育者の関わり

　幼稚園・保育園など教育環境における経験や学び，地域社会における多様な人々との関わりも社会情動的スキルに影響を与えるとされる（Ikesako & Miyamoto, 2015）。実際に，子どもが葛藤やつまずきを経験している場面において，保育者や大人は，どのように関わるべきだろうか。

　第1に，子どもの気持ちを具体的に考えて支援することである。ピーマンを

食べたくないと涙を流している子どもがいるときに，「ピーマンが嫌いなのだね」と理解するだけでは十分とは言えない。ピーマンの味，食感，色の何が嫌いなのか明らかにできれば，調理方法を工夫できるし，過去の食事場面で厳しく叱られた記憶のせいで食べられないのであれば，食べられなくても怖い思いをすることはないと伝えることも必要になる。ただし，先回りをして指示を出しすぎたり，大人なりの答えを教えすぎたりしないように注意しなくてはならない。子どもが自分で望ましい対処方法を見つけられるように，大人は適宜，手がかりを与えながら支援的に関わることが望ましい。

　第2に，葛藤やつまずきの背景にある子ども自身の特性を理解することである。人間は，抑制的な気質を持って生まれてくる子もいれば，快活で接近的な気質を持って生まれてくる子もいる（たとえば，水野，2017）。こうした気質，生まれつきの性質を変えることは難しいが，先述の社会情動的スキルは，経験によって身につけられるものであることを前提としている。気質のせいで生じやすいネガティブな感情（たとえば，不安や怒り）や行動（たとえば，引っ込み思案や攻撃）をスキルによってコントロールしたり目立たなくしたりすることは可能である。この子はどのようなスキルが不足しているのか，という観点で子どもを理解できるとよいだろう。

　第3に，葛藤やつまずきの有無にかかわらず，普段から，子どもの良いところを見つけて認めたり褒めたりすることである。その際，ただ「すごいね」などと褒めるのではなく，具体的に，何がどのように良いと思うのかを伝えると，子どもは，これからもそうあろうと意識するだろう。係やお手伝いなどの役割を与えて，役割を果たしたときは感謝の言葉を伝えることも良い。こうした関わりは自尊心を育む助けになりうる。

［Book］推薦図書

● 『自分をコントロールする力—非認知スキルの心理学』　森口祐介　講談社
● 『0〜6歳　子どもの発達とレジリエンス保育の本』　湯汲英史　学研プラス
● 『実践事例から学ぶ保育内容　社会情動的スキルを育む「保育内容　人間関係」—乳幼児期から小学校へつなぐ非認知能力とは』　無藤　隆・古賀松香（編著）　北大路書房

############### 演習1　自分の自己制御や自己抑制の力を振り返る ###############

目的　子どもの自己制御や自己抑制に係る尺度を調べて，自分を振り返り，当てはめてつけてみることで，自己制御や自己抑制を捉える力を身につける。

方法　①材料　インターネットが使える環境。下の表の様式。②手続き CiNii で「自己制御　幼児」または「自己抑制　幼児」などのキーワードを用いて検索し，調べた尺度を表の様式に入れる。次にその尺度に自分の過去を当てはめてつけてみる。その後，結果をグループで報告し合う。

結果の例　鈴木（2015）が用いた尺度

著者，年号	鈴木智子（2015）		
雑誌名等	仁愛大学研究紀要，人間生活学部編	巻，号，頁	6，83-91
論文名	幼児における自己制御と要求判断との関連性―拒否された後の要求制御に焦点を当てて―		
尺度の例	いやなことは，はっきりいやと言える／友だちとおもちゃの貸し借りができる		

############### 演習2　葛藤やつまずきの場面での関わりを考える ###############

目的　子どもが葛藤やつまずきを経験する場面における子どもの行動と保育者の関わりを考えることで，当該場面に対応する力を養う。

方法　①材料　演習1で調べた尺度。下の表の様式。②手続き　場面に対して考えられる子どもの行動を複数書き，それぞれに対応した保育者の関わりを書き込む。グループで書いたものを見せ合う。

結果の例　上記の「友だちとおもちゃの貸し借りができる」の項目

場面	子どもの行動	保育者の関わり
おもちゃの取り合いをする場面	持っているおもちゃをすぐに貸してあげる子ども	「貸してあげて偉いね」と褒めた後，貸してもらった子どもには「よかったね。ありがとうって言おうね」と促す
	持っているおもちゃを貸してあげるが，悲しそうな表上をして，すぐに泣き出す子ども	「あれで遊びたかったんだね。また返してもらおうね」と気持ちを受け止める。待っている間は，関わって一緒に遊ぶ
	持っているおもちゃをしっかり握り，離さない（貸してあげられない）子ども	「まだもう少しこれで遊びたいんだね。じゃぁ，順番に使おうか。少しだけ貸してあげてね」と言って，貸し借りを経験させる。

第8章
保育の環境の理解と構成

　子どもは，安心できる養育者のもとで，自分と周囲に出会い世界を広げていく。
　この最初の，安心できる人がいることはとても重要であり，園生活においても，保育者が最初に取り組むべき配慮であるといえる。生まれてから間もなく，新たな出来事が多い3歳未満児においては特に重要であるといえるが，生活が少しずつ自立してきた3歳以上児においても，子どもたちが安心しているか，気持ちが安定しているかについての配慮は重要である。

　安心や安定のための配慮には，様々な方法がある。まず，特定の養育者によって，子どもの思いが受け入れられること，温かく支えられること，行ないを認めてもらえること等，保育者による受容的関わりは欠かせない。それらの配慮は，直接的なやり取りのみならず間接的な関わりにもある。間接的な関わりの1つは，保育室や園庭等戸外環境における設定のしかた（環境設定）であり，それらは保育者の連携や1日の流れと密接に関わる。

　この章では，この保育者から子どもへの間接的な関わりの1つとしてある環境設定について取り上げる。

1 節　乳児期

1──安心から―物と出会う―

　子どもは生まれたときから，養育者による温かな援助と関わりによって自己を知り，他者の存在を知っていく。このときの大切な関係性に関する行為をボウルビィはアタッチメントとして言及している。子どもは，温かな関係が築かれた場を基点にして，周囲の環境を探っていく。その関係は，くり返しのやり取りのなかで築かれていく。排泄時とそのやり取りにおいて訪れる快・不快感，食事のときの満たされる感じ，また養育者や保育者から向けられる温かで楽しい雰囲気など，自分が直接的に関与せずとも変化が生じることから「周囲」を知っていく。これらのことは生活の場面だけでなく，遊びの場面にもある。たとえば乳児が，おもちゃが手から離れ，遠くへ転がっていく。そのおもちゃを保育者が取りに行き，乳児の手元に戻すという行為は，乳児が周囲としての保育者に気づき，関係を知るきっかけとなる。またこの行為は，その後の関係構築の基礎となっていく。

　様々なものが刺激となる乳児においては特に，保育室は保育者とのゆったりと安定した環境作りに努める必要がある。たとえば，部屋の音，光，空気などを含む保育室内のあらゆる物と刺激は，乳児にとって小さな刺激であるようにする。様々な試行を可能にするためにもおもちゃは柔らかく，安全で衛生的なものであることが望ましい。

　また，そのように一人ひとりとの関係構築を大切にするためにも，環境の構成は，食べる・寝る・遊ぶなど，複数の子どもたちが集まる保育室においても，個々に異なる生活リズムに応じた援助ができるように配慮されたものである必要がある。乳児は特に，生活のリズムが個々に異なる。よってたとえば，子どもたちそれぞれが，いつでも食事をしたり眠ったりすることが可能であるような構成でなければならない。もし，遊ぶ場所をかたづけなければ食事をしたり眠ったりすることができないような構成であったなら，一斉に遊びを止めたり，食事を終わらせたりしなければならず，個々に生じる欲求に応じることが難し

くなるからである。

2 ─広がる─様々なものとの出会い─

　歩行の開始を含む身体能力の高まりとともに，子どもの行動は大きく広がっていく。乳児期は数か月ごとに移動のしかたに変化が起こる。

　それまで養育者や保育者によって行なわれていた移動が，自分が思う所へ自分の力で移動することができるようになる。養育者と分離する時間が多くなり，自分の思いで動くことの喜びと不安を感じることが多い。自分の思いをもとに対象に向かっていくという，いわゆる探索行動が頻繁に見られるのが，この頃の特徴的な行動の1つである。外に向かって，行きたい，見たい，やってみたいという気持ちがある。一方で，未発達な身体の運動機能と認識のなかで，うまく出来ないことも感じ始める時期であり，少しずつ葛藤を感じる事が多くなる時期であるともいえる。

　このような時期は，それぞれができるようになったことを，くり返し試すことができるような環境が設定されることが望ましい。たとえば地面に多少の凹凸があり，そこを体のバランスを保ちながら進んでゴールし，ふり返ってまたスタートをしてと，その子なりの挑戦と達成が生じ，そしてくり返しが実現できるような場所の設定である。築山の中腹にある土管の，つながっていないように見えてつながっているという状態や，上部に布がかけられてカーテンがかかった家のような場所など，隠れて，自身の記憶力を試す場として好まれる。そのような挑戦と達成，くり返しが実現できるような場が設定され，かつ挑戦する姿が見守られ，励まされ，達成したときに認められ，そしてくり返すことを受け入れられるような関わりがあると，子どもは自信と意欲をもって，周囲の環境や他者への関心をますます高めていくのである。

　また，挑戦と試行が多くなるこの時期は，葛藤が増える時期であるともいえる。ときには年長者の振る舞いをモデルに，やりたいイメージは高まるが，年長者と比べて未発達な身体の機能もあり，うまくいかない事も多い。また，自分の思いの実現が目的であることは多く，同じ思いをもつ他児の存在は認めがたい面もある。このときは，一人ひとりの挑戦や達成への思いとくり返しを認め，励ますような環境が設定されることが大切である。たとえば，ともに同じ

おもちゃを所有したい気持ちがあり，譲れないことがある。そのようなときは，他児と同じ物を持ち同じ行為が可能なように，適宜物を増やす等環境を整え，他児とともに行なえる場を増やすことで，一人ひとりの思いを実現できるようにすることなどである。

　なお，この挑戦と達成の場は，遊びの場に限る事ではない。生活の場においても同様である。食事や排泄，着替えなど基本的な生活習慣への自立に向かう時期でもあるこのときは，失敗が認められ，かつ食事の準備のしかた，かたづける方法や場所等，生活を進めるにあたっての手順に見通しがもて，動線に無理がないような環境が構成されていることが望ましい。たとえば，食事においては，食べたい意欲が最も尊重されなければならない。そのためには，道具を用いて食べるイメージをもちつつ，自分なりに食べ物を持ち口に運ぶとき，こぼす等の失敗が認められる物理的環境と時間が設定される必要がある。また，自分で気づき生活を進めていくことを支える環境の設定として，物を仕舞う場が絵や写真で示されているなど，子どもにわかりやすく，みずから生活を進められる構成に配慮することは重要である。

　節　幼児期　

1──つながる─物との出会いから人との出会いへ─

　自分の思いを実行し，挑戦と葛藤，そして自己調整を保育者に支えられながらもくり返して，自分の思いを実現させていく経験のなかで，自分の周囲の環境への興味関心はますます高まっていく。

　この頃から園での集団生活へと移行する子どもたちの多くは，家庭生活では経験のなかった物にふれ，操作しながら素材の性質を知っていく。物を知る行為はやがて，「こうしてみようかな」という目的のある行為となり，物はその目的達成のための道具になっていく。

　以下は，幼稚園3歳児6月の事例である（宮田，2019）。

事例　否定的に応答された自然発生的崩れ

　ジンとメグが積み上げていた積み木場面に，ソウが「一緒に作ろう」と言って加わる。ソウが積み上げていると，ジンと，途中から来たカンタが，ソウの構成物に積み木を積み上げていこうとする。（中略）ソウがジンに対している隙に，カンタがソウの背後に積み木を持って近づき，ソウが積み上げている積み木の上に置こうとする。ソウがそれに気づき，今度はカンタに止めるよう伝えるために詰め寄ろうとする。その間に，体当たりで遠ざけられていた<u>ジンが積み木へと戻り，カンタに対しているソウの背後で，手にしていた積み木をソウの積み木の上に置いた。積み木はその瞬間に崩れてしまった。ソウはその音に気づき，はっとふり向き崩れていく積み木を見ながら「やー」と言う。</u>嫌そうな顔，がっかりしたような表情をしている。ジンの方は大きく表情など変えることはなく，何も発することなく，崩れなかった下部から積み木を積み上げ始める。ジンが積み上げ始めた積み木は，ソウが積み上げていた積み木の高さかそれよりも少し高いくらいになる。
ソウ「ゴーカイジャーだ！」
ジン「ゴーカイジャー！」
ソウ・ジン「ゴーカイジャー！ゴーカイジャー！ゴーカイジャー！」積み上った積み木を見て飛び跳ねて喜んでいる。

　最初，ジンとメグ，途中から加わったソウとカンタのそれぞれは，場所と積み木の共有はなされていたが，互いにどのように遊びたいのかについての共有はなされていなかった。ただ，ソウの積み木に対し，それぞれの思いで積み木を積み上げ始めたこと，ソウが体で制してそれを認めなかったこと，また積み木を積まれて崩れたのを見て「やー」と否定的な様子を見せたことで，積むことを目的としていたことがわかる。このように，言葉よりも行為が先行する時期においては，物を介して身体を用いた非言語的なのやり取りで表現したい思いが高まるなかで，少しずつ言葉を用いたやり取りの良さを知り，それを獲得していくのである。

　ここで大切なことは，子どもが夢中になれる適当な物理的環境が用意されていることである。この時期の子どもにおいては，それぞれが実現させたい思いの実現を大切にしながらも，他者とのやり取りが生じる環境であることが望ましい。

2──深まる─時間をかけてくり返すなかで─

　子どもは，他児とのやり取りを通して，他児とともに楽しむために必要な言葉や手続きを知っていく。そして物の新たな性質や利用を見つけたり，それを伝えて共有したりといった広がりと，先行する知識（既有知識）をもとに，様々な方法を試して理解を深めていく姿が見られる。

　たとえば，色を使った遊び1つにも，様々な出会いと展開の可能性がある。赤色を使うときも，素材の工夫で微妙に異なる色になる。絵具の赤，クレヨンの赤，マーカーの赤などはよく使われる。絵具にはジェル状の物もあれば，粉末状の物もある。また，赤い実や赤い花をすり鉢などでつぶしても赤い色は得られる。自然物から得た色は時間とともに変化する物が多い。そのどの方法や色を使うかによって，その後の展開は異なる。

　また積み木などは，数が多ければ集中が途切れるまで広がっていくかもしれないし，数が少なくて制約がかかったならば工夫が生まれるかもしれない。保育者は子どもたちの創造と葛藤，展開の見通しに努めつつ，今広げられている子どもたちの思いを知って，子どもの思いに添った支援をしていくことが重要である。

3 節　園外環境にともに愛着のある場をつくり出す

　園における保育の場は，園舎や園庭など園敷地内のみならず，園周辺の地域も含まれる。特に近年では，園舎が他の方々も利用するビルのなかのフロアーの1つであったり，園庭のない園などは近隣の公園などを園庭代替地として利用したりする園もある。そのような園は必要として地域を園の生活の一部として利用する場面も多いが，園庭があるような園敷地内の物理的環境が充分である園であっても，園敷地外にある地域の資源を日々の保育に活用し，子どもたちが地域の資源と出会う機会を設けることは重要である。

　園外活動で地域の公園などを利用する子どもたちにデジタルカメラを渡して，好きな場所を撮影してもらい，その後なぜその場所を撮り，ここで何をするのが好きなのかを尋ねた調査がある（宮田・淀川，2019）。結果，5歳児が愛着

をもつ場は、その場の特徴を活かした活動が可能である場であり、自分なりの価値づけとそれに基づく利用が可能である場であった。地域の場は、様々な方が利用するためにあり、必ずしも子どもたちのために作られていない。しかしそんななかでも子どもは、くり返し利用していくなかで、工夫して主体的に関わることができるのである。

そのように地域において、日々の生活を支える信頼のある保育者のもとで色々な場の特徴を知ったり、遊びのなかで自分なりの利用を考えたりして、愛着をもった場所が街のなかにあることは、その後の育ちにおいても重要である。

園外には保育者が予測不可能な場も多い。長く暮らす地域の方々や地域をつなぐ役割をもつ行政の方々とも連携することで、園内と同じように、子どもたちの探索や子どもたちなりの活用ができる場を設定していきたい。

📖 推薦図書

● 『環境心理学の新しいかたち』　南博文（編著）　誠信書房
● 『保育実践へのエコロジカル・アプローチ　アフォーダンス理論で世界と出会う』　山本一成　九州大学出版会
● *"Listening to Young Children, Expanded Third Edition: A Guide to Understanding and Using the Mosaic Approach"* Alison Clark. London and Philadelphia: Jessica Kingsley Publishers.

~~~~~~
演習1　3歳未満児にとって望ましい環境を考える
~~~~~~

目的　新・保育環境評価スケール②（0・1・2歳）に「とてもよい」として示されている望ましい環境を知り，そのような環境を構成する力を養う。

方法　①材料　上記スケール（Harms et al., 2017）。下の表の様式。②手続き　グループでそれぞれがどの項目を担当するかを決める。個人で，項目を書き，とてもよいの内容を要約して様式に書き込む。環境と構成と関わりを考えて書く。それぞれが書いたものをグループで見せ合う。

結果の例　絵本に親しむ環境（項目14）の例

項目	絵本に親しむ環境（項目14）
〈とてもよい〉の内容	子どもが使える絵本が20冊以上あること。 保育者が肯定的な関わりをしていること。 絵本が取り替えられていること。
環境構成と関わり	子どもが使える絵本は20冊以上用意する。 読んでもらいたがっている子には読んであげるなど，肯定的に関わる。 季節や興味に応じて，適時，絵本を入れ替える。

~~~~~~
演習2　3歳以上児にとって望ましい環境を考える
~~~~~~

目的　新・保育環境評価スケール①（3歳以上）に「とてもよい」として示されている望ましい環境を知り，そのような環境を構成する力を養う。

方法　①材料　上記スケール（Harms et al., 2015）。下の表の様式。②手続き　グループでそれぞれがどの項目を担当するかを決める。個人で，項目を書き，とてもよいの内容を要約して様式に書き込む。環境と構成と関わりを考えて書く。それぞれが書いたものをグループで見せ合う。

結果の例　話し言葉の促進（項目13）の例

項目	話し言葉の促進（項目13）
〈とてもよい〉の内容	子どもから長い答を引き出すような質問を多くすること。 外で体を動かしているときや日常のルーチン活動の祭に保育者と子どもが会話を多くすること。クラスでの活動や教材等の範囲を超えての話題がある
環境構成と関わり	「なぜ」「もし～だったらどうする？」「～について教えて」など子どもが長く答えられる質問を，あらかじめいくつか考えておく。 子どもとの会話を楽しむようにする あらかじめ話題にすることを考えておく。

第9章
環境の変化や移行

1 節　幼児との出会いと環境の変化

　高度情報化やグローバル化，少子高齢化や地球温暖化等，社会構造の急激な変化の時代を迎え，幼児を取り巻く環境も大きく様変わりしている。今後ますます環境等の変化の時代を生き抜く幼児の育成が求められる。

　幼児期における環境の変化や移行とは，主に家庭から幼稚園や保育園，認定こども園等への入園や進級，引っ越し等によって園を移る転園，小学校への入学などがあげられる。移行期について稲田（2013）は，移行期とは「人生の各段階で，これまで体験していたものとは異なる新しい環境と出会い，そこに適応するまでの過渡期」であり，「子どもにとってその後の成長・発達の道筋を方向付ける期間」であるとしている。さらに稲田（2013）は，幼児の園への適応を「幼児と環境との相互作用により，幼児が心理的な安定を得ながら，環境との適切な関係を構築すること」としている。幼児教育が環境を通して行われるものであることは周知の事実である。今まさに幼児と環境とのよりよい関係構築が重要であり，そのためには，幼児が何を求め何を実現させようとしているか等，保育者の幼児理解が不可欠となる。

　幼児理解について津守（1997）は，保育者の4つの行為「出会う」「交わ

る」「現在を形成する」「省察する」をあげ，「交わる」とは，幼児の行動を表現としてみて自分の理解に従って応答すること，外部から観察される行動は内なる世界の表現であると記している。つまり，幼児の行為や行動の背景すべてを総合的に捉え，全身全霊でその子を理解することが何より重要であることを語っている。

　さらに，津守（1997）は，子どもとの出会いと環境の変化について，記録をもとに次のように述べている。

　　　４月のはじめ，新学期になった２日目，いつも朝いちばんに登校するＬ夫が庭の水たまりで遊ぶのに私はつきあっていた。いつもだと１人で泥をシャベルですくったり，木の葉を散らしたりして遊ぶことが多いのだが，この日は私の手をぐいぐいと力強く引っぱった。私が一緒に泥水に手をいれると，私の顔を見上げてにっこり笑う。私がＬ夫から目をはなして別の方を見ていると，後から私の手を引いて相手をするように催促するので，私はこの子と遊びつづけることになった。自分のやりたいことを他の人を誘ってみるのは，人に対する信頼や見通しを必要とすることである。これは休みの間の子どもの成長だと思った。

　　　新しい学年になると，クラス編成，友だちの顔ぶれ，担任の配置，教室などが変化する。子どもには，以前と同じ空間が違って感じられるだろう。できるだけ子どもにとって戸惑いが少なくてすむように，こちらも身をいれてしっかりとつきあいたい。しかし，大人の側にも環境の変化は大きい。まだ慣れていない新しい子どももいるし，クラスの担当も変わり，新たに要求される役割もある。その私の側の変化によって，私は以前と同じように振る舞っているつもりでも，子どもにとっては違った人のように感じられるだろう。子どもそれに敏感に反応する。
（中略）
　　　新学年のはじめには，大人の側が環境の変化に戸惑っている。保育者は子どもと生活をともに生きることをみずからの人生とする者であることをあらためて自覚し，そのことに身を委ねることが受け身から能動へと生活を積極的に変えていくだろう。予測もしなかった新学期の混乱に当面し，あらためて子どもの側に立つ覚悟を決める。また，同僚や親たちとともに子どもを育てる生活をつくることに保育の新たな意味を見出す。いずれも，変化に直面して，新たな状況にある自分を受け入れ，より広い視野に立って，新たな自分を形成する行為である。このことは子どもも同様である。子どもが変化の危機を成長の契機となしうるかどうかは，同じ状況を生きる大人がそれをどう生きるかということと関連しているのではなかろうか。

　新しい環境や変化への戸惑いは，幼児ばかりではなく保育者も同様であるが，戸惑いつつも，幼児とともに生活をつくる意味や幼児の側に立つ覚悟などの大切さを語っている。幼児が出会う環境の変化は我々大人が想像する以上に大き

く，乗り越えがたいものだろうが，寄り添う保育者の有り様で成長の契機となることも伝えてくれている。幼児理解の重要性は1年を通して日常的に重要であるが，特に入園や進級時においては，津守のように環境の変化や幼児の心情に思いを巡らし，保育者として幼児と出会う心の有り様を考えることが大切である。

2節　入園直後の子どもと保育者

　柴坂（2009）は，「入園直後の不安な時期，幼児らは園の中に自分の安心できる拠り所，安全基地を見つけるとし，多くの場合それは保育者である」と述べる。また，「園という場にもともといる人，園のことを何でも知っていて，自分に保護的に関わってくれる大人として，幼児にとって保育者は頼りになる絶対的な存在である」とする。これらのことが示すように，幼児は保育者との信頼関係を基盤に，人やもの，環境などとの関係性を作ることで，安心した生活が送れるようになり，その後の発達の基盤となる。

　入園直後の4歳児の様子について，幼稚園教育指導資料第3集「幼児理解と評価」（2010）に掲載されている保育記録とその解説を元にみてみよう。

　　　U児（4歳児）は，入園してから5月初旬になっても自分の保育室では遊ばず，登園すると保育室から出て行ってしまう。他の幼児たちは学級の中で興味のあるものや遊びを見つけ，安心して遊びを楽しんでいるのに，U児だけがみんなの輪の中に入れないように見える。これまでもずっと1人だけで遊んできたのだろうか。他の幼児と一緒に楽しく遊ぶ経験がなかったのだろうか。或いは，保育者である私自身に問題があるのだろうか。遊びに誘っても保育者を避けているようにも思える。

　　　新入園児を迎えた頃のS教師の記録です。「ふらふらしているU児」が記録の中に毎日のように登場しています。どうやってU児とかかわったらいいのか，S教師はかなり悩んだようです。なぜ遊べないのか。どうして保育室が嫌いなのか…。とにかく気になるU児の行動を何とかしたいという思いから，S教師はある日，U児の歩くとおりに歩いてみることにしました。
　　　U児とともに動いてみて，S教師は1つの大きな発見をしました。同じ動きをまねてみて同じ目の高さで見たり，感じ取ったりするうちに，初めてU児自身の感じている世界を見ることができたといいます。アリの行列，赤土の粒，白いものを運んでいる働きアリ。U児の手には花壇の隅に咲いていた黄色いカタバミの花が…。

　「Uちゃんって，小さなものでもよく見ているんだ」S教師は，自分には見えなかった楽しさをU児から教えてもらったように思いました。今までは，とらえどころのないふらふらしている幼児として，気にかかる存在でしたが，だんだん，「何とかわいい」と思えてきたのです。U児が見付けた小さな花を保育室に生けたりしながら，S教師とU児の間のぎこちない関係がとけていったのです。そして，S教師の心の中でU児の存在が，好奇心に満ちて行動している姿に変わっていったようです。

　本記録は幼児を理解する意味や寄り添う重要性，幼児の視点で世界を見ることの大切さを語っている。また，指導資料には，よりよい保育をつくりだすためとして，次の5つの項目①幼児を肯定的に見る，②活動の意味を理解する，③発達する姿をとらえる，④集団と個の関係をとらえる，⑤保育を見直す，を示しているので参考にしたい。同時に，保育記録は，保育を省察したり改善したりする重要な手がかりとなるので，実践することを勧めたい。

3 節　転園による変化と幼児理解

　幼稚園教育指導資料第3集「幼児理解と評価」（2010）には，5歳児の転園の様子も記載されているので，保育記録を元にみてみよう。

　M児（5歳児）は，最近，静かな農村から転居し，小規模の幼稚園から大規模の幼稚園に転入した幼児である。M児は，初日から張り切った様子でやってきた。しかし，M児は教師にも他の教師にも言葉で話しかけようとしない。担任の見よう見まねで身支度を整え，すぐに遊んでいる他の友達の後ろに行ってじっと見ている。次々と友達の遊びの様子をのぞき回って数日が過ぎた。その間，一言も言葉を発しないが，退屈したり不安がったりしているわけではなく，M児なりに楽しんでいる様子である。日常生活の場面でも友達のまねをして何となく過ごしている。なによりも旺盛な好奇心が担任を安心させた。担任は，「M児は大きな幼稚園の雰囲気に慣れていないのでまだ自分を出せてはいないが，結構たくましい。それに友達のたくさんいる幼稚園がそれなりに楽しいらしい」と考え，M児の様子を遠くからさりげなく見守っていくことにした。
　M児が一番興味をもったのが巧技台の遊びである。他の幼児のまねをして仲間入りをする。他の幼児たちは，途中から入園してきた口をきかないM児をすんなりと受け入れて楽しそうに遊びを続けている。しかし，やはり遊びのルールは伝わりにくく，M児が遊びから抜け出してしまうこともある。そんな時，担任は幼児たちが巧技台で遊んでいる様子に関心を示しながら見ている。他の幼児はM児を追ったりせずに遊びを続け，またM児が近づいてくると，順番に並んだ列の間に引き入れたりしている。
　担任は，さりげなくM児を仲間に誘い，しかもM児の気持ちも尊重している学級の

　　幼児たちの力に感心した。そして，これからも必要がない限り，M児やM児をめぐる
　　友達の行動に介入することは避けて，M児の様子を見守っていくことにした。

　本記録の解説には，「保育の中でまず大切にしたいことは，幼児が教師に
しっかりと見守られているという安心感をもつことです。それとともに，もっ
と大事にしなければならないことは，安心して教師から離れて独り立ちができ
るようにすることです。幼児自身の足取りを受け止めながら，温かく見守ると
いう姿勢が，援助の手立て考えるために必要なことなのです。この事例の中で
教師は，幼児は幼児なりの環境を構成し，その中で他者に対する関係，人間どう
しのルールの必要性，優しさや温かさ等を身につけていくことができること
を学んだといいます。それは，教師からの独り立ちをする第一歩といえるので
はないでしょうか」と記されている。見守ることや幼児を信じることの大切さ
を読み取ることができる。どんなに大きな環境の変化や移行も，保育者の関わ
り方次第で有意味なものとなることを忘れてはならない。

節　小学校への滑らかな移行

　椋田・佐藤（2011）は，「近年，小学校に進学した子どもが学校に適応でき
ず，授業が成立しない状況がしばしば見られるようになってきている」と述べ，
2009年に東京都教育委員会が調査した「第1学年の児童・生徒の学校生活の適
応状況に関わる実態調査」をとりあげ，「不適応状況の発生経験の有無」の項
目では，校長で23.0パーセント，教諭で19.3パーセントの回答があったとして
いる。横山ら（2012）もまた，移行期でのつまずきが，小1プロブレム等の教
育問題にもなっており，それぞれの移行期において，保育・教育現場での適切
な支援が不可欠であると述べている。
　小学校への移行を円滑にするために，文部科学省幼児教育課でも，2005年に
幼児教育指導資料「幼児期から児童期への教育」，2010年には，「幼児期の教育
と小学校教育の円滑な接続の在り方について（報告）」を作成し，幼児期と児
童期の連携や接続を図ってきた。これらのことを受け，2018年に改訂された幼
稚園教育要領等では，「社会に開かれた教育課程」をキーワードに，幼児期か

ら高等学校まで３つの資質・能力の一貫性を図ったり，幼児期の終わりまでに育ってほしい姿を示したりした経緯がある。

　幼児期から児童期への滑らかな移行（連携及び接続）に向けて取り組んでいる鳴門教育大学附属幼稚園５歳児と附属小学校１年生の交流活動の実践例を紹介する。活動は小学校生活科で実施される"学校探検オリエンテーリング"を５歳児と１年生とがペアで体験するものである。

実践例　５歳児と小学校１年生の交流活動

　校長室のすぐ近くに鯉の池があり，幼児と１年生のペアが次々と池の周囲にやってくる。この場所はたくさんの鯉が気持ちよさそうに泳いでおり，子どもたちには居心地のいい空間になっている。
　１年生が，「僕のお気に入りの鯉は，あのいちばんでっかい鯉なんだよ。僕がここに来ると，いつもそばによってきてくれるんだよ」と幼児に話しかけていた。
「ほんとだね。優しそうな目をしているね」と幼児が答える。「あの鯉は一番大きいから，きっと校長先生なんだよ」「ふーん，校長先生か。じゃあ，あっちの赤い鯉が先生で，小さくてたくさんいる鯉が１年生なんだね」と，手をつないで説明してくれる１年生と楽しそうに話していた。
　次にやってきたペアは，たくさんいる鯉の数に興味を覚えた。「ねえねえ，何匹ぐらいいるんだろう？」と尋ねると，１年生が「動きが速いからなかなか数えられないんだ。いつも数えようとするんだけど，できないんだよ」と答える。幼児が，「えさをあげてこっちによせたら数えられるよ」と言うと，「そうだね，その作戦，とってもいいね。いつも餌をあげている教頭先生に餌をもらってこようかな？」と，教頭先生を捜しに２人ででかけていった。なんとか数を数えようと２人で真剣に考えている姿がとても印象的だった。

　幼児にとっては隣接する小学校での直接体験であり，小学校へのイメージを持てることで，入学時の不安やストレスを軽減するものとなる。一方，まだ入学して間もない１年生にとっても，自己発揮の場となり，年下である幼児との関係性を深めたり自己肯定感を高めたりできる場となっている。

　他にもさつまいもを一緒に植えて一緒に収穫して料理を楽しむ食育の活動"さつまいも大作戦"であったり，一緒にペットボトルを集めて筏をつくって

プールで遊ぶ活動 "いかだプロジェクト" であったり，ザリガニ釣りやカルタ遊び，合同発表会などを，年間を通して実施している。幼児にとっては，環境の変化や移行を楽しみ，小学校入学へ期待や憧れを膨らませる場となっている。

　参考にしてぜひ取り入れたい実践例である。

　ここまで4つの具体的な実践例を元に，環境の変化と移行について述べてきた。紙面の都合上，乳児の転入園や保護者との連携などを取り上げることができなかったが，基本はどれだけ子どもの思いや心情に寄り添えるかという幼児理解や，そのための環境構成や支援にかかっている。昨今，教育課題となっているアクティブラーニングやカリキュラムマネジメントの視点も取り入れ，幼児の幸せのために取り組んでもらいたい。

 推薦図書────────────────────────

●『保育者の地平』　津守　真　ミネルヴァ書房
●『幼児期から児童期への教育』　国立教育政策研究所　ひかりのくに
●『幼稚園教育指導資料　第3集—幼児理解と評価』　文部科学省

演習1　文献を元に入園直後の子どもへの関わりを考える①

目的　入園児の様子が書かれた文献ををもとにして，入園直後の子どもの様子を捉える力を養う。

方法　①材料　インターネットが使える環境。下の表の様式。②手続きCiNii で「幼稚園　入園」「保育園　入園」「幼稚園　移行」などをキーワードに検索し，様式を埋める。グループで自分が調べた論文等を報告し合い，共通点を考える。

結果の例　井田・菅（2015）より

著者，年号	井田聡美・菅 眞佐子（2015）			
雑誌名等	滋賀大学教育学部紀要	巻，号，頁	65，71-85	
論文名	入園当初の幼児の他者との関わりにおける育ち：3歳児，4歳児の観察記録から			
子どもの様子	〈3歳での入園児：男児〉 4月中旬から5月上旬：いろいろな遊びに関心を寄せる時期 5月中旬から5月下旬：発話が多くなる時期 6月上旬ごろ：遊びに熱中する中で自分の思いの表現が増える時期			

演習2　文献を元に入園直後の子どもへの関わりを考える②

目的　演習1で調べた子どもの様子に対して，どのような関わりが適切かを考える力を養う。

方法　①材料　演習1で調べた論文。下の表の様式。②手続き　子どもの様子に対して保育者の関わりを書く。グループで自分の考えを発表し合い，最も適当な関わりを検討し合う。

結果の例　井田・菅（2015）より

子どもの様子	保育者の関わり
いろいろな遊びに関心を寄せる時期	子どもが様々な遊びを試せるように，多くのコーナーを設置する。子どもが遊びを選べるように，十分な時間を確保する。
発話が多くなる時期	子どもの話を否定せず，よく聞く。友だちともイメージが共有できるように，仲立ちをする
遊びに熱中する中で自分の思いの表現が増える時期	子どもの思いをよく聞く。遊びが発展しやすいように環境を整える。友だちともイメージが共有できるように，仲立ちをする

子どもを理解する方法

第**10**章

観察・記録

1節 実践と観察・記録

1——実践の中の観察

　保育所保育指針の「第1章　総則　1　保育所保育に関する基本原則　（3）保育の方法」には，保育の目標を達成するために保育士等が留意する事項として，「子どもの発達について理解し，一人ひとりの発達過程に応じて保育すること。その際，子どもの個人差に十分配慮すること」とある。この記述からは，一人ひとりの子どもの育ちに見通しをもち，実態に即して保育を行うことの必要性が読み取れる。また同じく留意事項として，「特に，乳幼児期にふさわしい体験が得られるように，生活や遊びを通して総合的に保育すること」と記されている。実態に即した保育になっているかどうか，子どもの活動が乳幼児期にふさわしい体験になっているかどうかは，保育者が実践の中で子どもを観察して判断するしかない。

　しかしながら，実践の中での観察には時間的・物理的な制約がともなう。遊びを中心にした保育においては，複数の遊びが同時進行していく。それら複数の遊びに対して，保育士は指導責任を負うが，同時にすべてを把握することは

不可能である。だからといって，一人の子ども，あるいは１つの遊びにずっと向き合うことは現実的ではない。それぞれの安全に配慮し，必要に応じて声をかけたり手伝ったりしながら，断続的に観察することになる。

　以下では，実践の中で断続的に観察する際の視点を紹介する。

(1) 子どもが注意を向けているものに注意を向ける

　自発的・意欲的に関われるような環境を構成すると，子どもは活発に活動を行う。その際，子どもは身近なヒト・モノ・デキゴトに注目し，関心を向けるが，保育士もその対象に注意を向けるようにするとよい。保育士が注目させたい対象に子どもを誘導するような関わりでは，子どもが何に興味を持っているのかを観察することは難しい。

(2) 知識及び技能の育ちを意識する

　子どもの表情や姿勢，動作や発言などを手がかりにして，どんなことを感じたり，気づいたり，わかったり，できるようになったりしているのか，知識や技能の育ちを想像しながら観察する。

(3) 思考力，判断力，表現力等の育ちを意識する

　子どもが素材や道具を選んだり，友だちと話し合ったりする様子を手がかりにして，気づいたことや，できるようになったことなどを使い，どのように考えたり，試したり，工夫したり，表現したりしているのか，思考力，判断力，表現力等の育ちを想像しながら観察する。

(4) 周辺を俯瞰する

　子どもが直接関わっている対象以外の環境も，遊びの成り立ちや展開に影響を与えていることがある。周辺にあるモノやヒトがどのような場を作っているのか，一見無関係に見える別の遊びと相互に作用しあっていないか等の意識をもって，俯瞰的に観察する。

　観察の際に，これらの視点をもつことは，後述する５Ｗ１Ｈを整理した記録のためにも役立つ。

2──実践と連動する記録

　保育所保育指針の「第１章　総則　３　保育の計画及び評価　（３）指導計画の展開」には，「保育士等は，子どもの実態や子どもを取り巻く状況の変化

などに即して保育の過程を記録するとともに，これらを踏まえ，指導計画に基づく保育の内容の見直しを行い，改善を図ること」と明記されている。この記述からは，保育の計画と評価において，記録は重要な役割を担うものと位置付けられていることが読み取れる。

　また，同「（4）保育内容等の評価のア　保育士等の自己評価」には，「保育士等は保育の計画や保育の記録を通して，自らの保育実践を振り返り，自己評価することを通して，その専門性の向上や保育実践の改善に努めなければならない」とある。保育士等が自身の関わりをふり返る手段としても記録が重要であることが指摘されていると言える。

　しかし，観察と同様に記録にも時間的・物理的な制約がある。近年はICTの活用などで省力化が図られてはいるが，十分なノンコンタクトタイム（直接処遇を離れて，記録・ふり返り・計画などを行う時間）が確保できているとは言い難い。そこで以下では，ふり返りや計画に活用しうる記録を効率的に作成するヒントを紹介する。

（1）事実と読み取りを明確に区別する

　実践において保育士は，絶えず状況と対話し，行為の中で省察している。計画に基づいた働きかけを行うが，実際の子どもたちの様子を観察し，関わりは微調整され，環境は再構成される。このように常に多くのことが求められる中で，子どもの具体的な行動や発言などの客観的な事実と，「こうしたかったのではないか」「こう伝えたかったのだろう」という保育士の読み取りは，ときに渾然一体となる。省察・評価や職員間の対話，保護者との情報の共有などへの活用を念頭に置き，事実と読み取りを区別することを意識して記録するとよい。

（2）5W1Hを意識して整理する

　いつ（When）・どこで（Where）・だれが（Who）・なにを（What）・なぜ（Why）・どうした（How）が整理された記録は読みやすく，実際にその場面を見ていなかった人にもエピソードがどのように展開したのかをイメージすることが容易になる。そこで5W1Hを常に意識して書くようにすることが望ましい。

（3）写真を活用する

　デジタルカメラやカラープリンターなどの普及で，保育記録に写真を活用し

やすくなった。後述するドキュメンテーション，ラーニング・ストーリー，ポートフォリオなどの保育記録は，いずれも写真の活用を前提としている。ドキュメンテーションは，写真だけでなく動画や音声記録なども取り入れている。しかし，現状の保育の現場では，時間の制限や機器の普及状況から，写真を活用するところまでが現実的であろう。

　写真をうまく活用すると，前述した５Ｗ１Ｈを整理することも容易になる。俯瞰したアングルで撮影した，周囲の状況まで捉えた写真が１枚あれば，いつ（When）・どこで（Where）・だれが（Who）を改めて詳しく記述する必要はなくなる。また，子どもが興味の対象と関わっている場面を捉えた写真が数枚あれば，なにを（What）・どうした（How）かの共有もできる。そこに「こう感じたのだろう」「こうしたかったのではないか」と現場で読み取った，なぜ（Why）にあたる，子どもの思考や感情の動きを記述すれば，エピソードの記録として成立する。

2 節 様々な保育記録

　１節では，実践の中の観察における視点と，ふり返りと計画に活用しうる記録の効率的な作成に関するヒントを紹介した。この節では，実践の場で使用されている主な記録の形式について概略と特徴を紹介する。

1──従来からある記録形式

　計画と記録を連動させる期間で区別すると，日誌型（１日単位），週日案型（１週間単位）などに分けられる。また，時系列に沿って活動の移り変わりを網羅する形式と，１～２のエピソードに特に注目して記述する形式に分けることもできる。これらの組み合わせで，従来からある記録形式は大別される。

(1) 日誌型記録

　１日単位で日案と連動して作成する記録。１日の保育の流れに沿って記録するため，その日の活動をふり返りやすい長所があるが，何日にも渡って継続する協働的な遊びの経緯・展開などを把握しにくい短所もある。

　時系列型記録と組み合わせると事実の羅列になりやすいため，エピソード記

述のスペースも取り入れて，子どもの経験の読み取りを意識するなどの工夫が必要となる。

(2) 週日案型記録

　1週間単位で週日案と連動して作成する記録。計画と対応させて保育をふり返るため，1週間の流れの中で子どもの姿を捉えやすく，継続する協働的な遊びも把握しやすい。一方で，記述スペースが限られるため，活動の概略のみを記録することになりやすい。エピソード記入欄を別に設けて補う方法もある。

2——近年注目されている記録の形式・手法

(1) 保育マップ型記録

　保育環境を記載した見取り図に遊びや人間関係を記述する記録のこと。同時に並行して起こる遊びを記録できる。記録者には空間と遊びを俯瞰的に捉える広い視野が求められるが，写真を活用することで，具体的に伝えることが容易になる。ただし，時間経過にともなう遊びの変化や人間関係の変化などは記録しづらい。

　図10-1は保育マップ型記録に写真を活用した例である。この記録は2人の

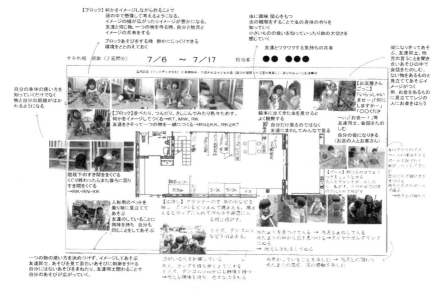

図10-1　マップ型記録に写真を活用した例

保育者が共同で作っている（フォントで区別）。四角の枠内の記録は写真貼付と同時に書き込んだもので，事実と保育者の読み取りを含んでいる。これらは毎日少しずつ書き込まれる。枠外の矢印で示された記録は 2 週間をふり返り，次期の予定（環境構成）を立案する時点で書き込んだ，遊び等の見通しである。

(2) SOAP 型記録

Subjective data（主観的データ），Objective data（客観的データ），Assessment（アセスメント，評価），Plan（計画）の視点でエピソードを記録する手法と，その記録のこと。記録の形式そのものに，子どもの遊びから学びを読み取り，環境構成と計画に活用するための道筋が埋め込まれている。実践において保育士が無意識に行っている，状況との対話や行為の中での省察を自覚化しやすい。一方で，ノンコンタクトタイムが確保されていない状況では取り組みにくい。

(3) ドキュメンテーション

協働的な遊びを継続的に記録し共有する取り組みと，その記録のこと。子どもと保育者，子どもどうし，子どもと興味の対象となっているものの関係性を示すことが多い。協働的な遊びの中での子どもの学びを可視化し，環境の再構成や計画の立案に活用することを目的としているため，文章と写真を併用することが多い。イラスト・動画・音声などを使用することもある。

直観的で他の保育者や保護者ともイメージを共有しやすい反面，デジタルカメラやパソコン，プリンターなどの機材が充実していないと取り組みにくい。

(4) ラーニング・ストーリー

ニュージーランドの保育施設で始められた子ども理解のための手法と，その記録のこと。子どもたちが経験することを丹念に追うことで，どのような学びがあるのかを読み取る。「学びの物語」という名称が示す通り，子どもの姿を継続的な文脈で捉えて理解につなげようとする部分に特徴がある。長所・短所は前述のドキュメンテーションと同様である。

(5) ポートフォリオ

書類を挟む「バインダー」が語源。子どもの育ちの軌跡を追うための資料の集まり。写真を用いた保育記録も用いられるが，子どもの作品なども含まれる。一定期間の蓄積の後にふり返ることで，子どもがその間にどのような経験を積

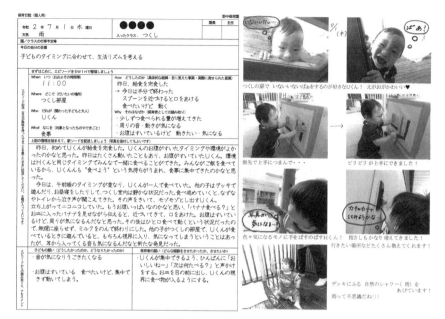

図10-2　日誌型記録とドキュメンテーションを組み合わせた例

み重ねてきたかがわかる手法だが，保育者・保護者・子どもが思い立ったときに閲覧できるような工夫が必要となる。クリアホルダーなどに保管し，誰でも手に取れるように配架しておく施設もある。

　これまで従来からある記録形式と，近年注目されている記録の形式・手法を紹介したが，実際の保育現場では，実状に合わせて，これらを様々に組み合わせて活用している。図10-2は，その参考例として日誌型記録とドキュメンテーションの組合せを示したものである。

Book 推薦図書

●『遊びを中心とした保育―保育記録から読み解く「援助」と「展開」』　河邉貴子　萌文書林

演習1　観察・記録の方法を学ぶ①

目的 映像の観察や記録を通して，観察・記録する方法を身につける。

方法 ①材料　子どもどうしの関わりや子どもと保育者の関わりが映っている映像（市販の DVD など）。下の表の様式。②手続き　状況・場面，主として観察した子ども（子どもたち）の行動，それに対する他の子どもの反応あるいは保育者の関わりに分けて映像を書き起こす。同じ映像を見たグループで表現を検討する。注釈・感想として感じたこと，思ったこと，考えたことなどを書く。グループで表現を検討する。

結果の例

状況・場面	子どもの行動	左の行動に対する反応・関わり
注釈・感想		

演習2　観察・記録の方法を学ぶ②

目的 逸話形式で書く方法を身につける。

方法 ①材料　子どもどうしの関わりや子どもと保育者の関わりが映っている映像（市販の DVD など。演習1と同じものでもよい）。下の表の様式。②手続き　映像を見て観察・記録欄を埋める。同じ映像を見たグループで表現を検討する。注釈・感想欄を埋める。グループで表現を検討する。

結果の例

観察・記録	
注釈・感想	

第11章

省察・評価

1 節 保育の営みの中の「省察」・「評価」

1 ──「省察」・「評価」という言葉の意味

　「省察（せいさつ）」は，それほどなじみのない言葉だろうから，「評価」から入ろう。「評価」という言葉を聞いて，どのようなことを思い浮かべるだろうか。一般的に「評価」というと他者に対して，「☆3つ」のようにランク付けしたり，「あることができる・できない」「あの人は優しい」のように評定したり，価値付けるようなイメージもある言葉だが，ここで言う評価とはそのような意味ではない。保育の営みの中での評価には「保育者自身の自己評価」と「子どもの遊びや経験・育ちを捉える評価」の2つの意味がある。

　このことについて，『幼稚園教育要領』第1章　総則や『保育所保育指針』第1章　総則には，次のように示されている。

　　『幼稚園教育要領』第1章　総則　4 幼児理解に基づいた評価の実施
　　　幼児一人一人の発達の理解に基づいた評価の実施に当たっては，次の事項に配慮するものとする。
　　（1）指導の過程を振り返りながら幼児の理解を進め，幼児一人一人のよさや可能性などを把握し，指導の改善に生かすようにすること。その際，他の幼児との比較や

一定の基準に対する達成度についての評定によって捉えるものではないことに留意すること。

> 『保育所保育指針』第1章 総則 3 保育の計画及び評価（4）保育内容等の評価 ア 保育士等の自己評価
> （ア）保育士等は，保育の計画や保育の記録を通して，自らの保育実践を振り返り，自己評価することを通して，その専門性の向上や保育実践の改善に努めなければならない。
> （イ）保育士等による自己評価に当たっては，子どもの活動内容やその結果だけでなく，子どもの心の育ちや意欲，取り組む過程などにも十分配慮するよう留意すること。

これらのことから，保育の営みの中での評価とは，次の5点を基本的に押さえておく必要がある。

①保育の営みの中での評価は「自己評価」が基本

②子どもを評定するものではない

③子ども一人ひとりの良さや可能性を捉えること

④子どもの活動内容や結果だけでなく，心の育ちや意欲，取り組む過程なども捉えること

⑤保育者自身の指導の過程（自らの保育実践）を振り返り，自己評価し，指導の改善を図ること

日々の保育を行う中では，一度立ち止まって「今日の子どもの遊びはどうだったか」「ここ最近のAちゃんの心の育ちはどうだったか」「Bちゃんの今日の遊びがもっと楽しくなるにはどうすればよいか」などを考えて，その際の自分の関わりや言葉がけ，保育の内容や環境なども振り返ることが大切である。このような振り返りを，保育では「省察」とよぶ。その振り返り（省察）を明日以降の保育にどのように反映させていくか，「自己評価して改善していくこと」が「保育における評価」なのである。

2——なぜ「自己評価」するのか

毎日，子どもと関わり，保育の内容や環境構成を考えたりするのに忙しい日々の中で，なぜ立ち止まって振り返って省察し，自己評価する必要があるのだろうか。「実践→想起→記録の記述→解釈→再び実践」（浜口，1999）という省察の過程の中で，想起し記録を書くことは，その日の保育や子どもの姿を思

い出し，その意味を解釈したり考えたりすることにつながる。その省察の行為
によって「実践の場では気づかれなかった子どもの世界や，自分自身の前提を
より明確に見ることができる」（津守，1980）というように保育の中で自分自
身気づかなかったことを気づく機会になる。そのため，保育を振り返って省察
し，自己評価することが，保育や子どもの姿の捉えなおしにつながる。なお，
『幼稚園教育要領』『保育所保育指針』によると，自己評価の目的は「指導の改
善」のサイクルを回すことと，「専門性の向上」「保育の質の向上」とされてい
る。

> 『幼稚園教育要領』第1章　総則　第4　指導計画の作成と幼児理解に基づいた評
> 価　2　指導計画の作成上の基本的事項
> 　その際，幼児の実態及び幼児を取り巻く状況の変化などに即して指導の過程につい
> ての評価を適切に行い，常に指導計画の改善を図るものとする。

> 『保育所保育指針』第1章　総則　3　保育の計画及び評価　(5)イ，(4)ア（ウ）
> ○保育の計画に基づく保育，保育の内容の評価及びこれに基づく改善という一連の取
> 組により，保育の質の向上が図られるよう，全職員が共通理解をもって取り組むこと
> に留意すること。
> ○保育士等は，自己評価における自らの保育実践の振り返りや職員相互の話し合い等
> を通じて，専門性の向上及び保育の質の向上のための課題を明確にするとともに，保
> 育所全体の保育の内容に関する認識を深めること。

　これらのことに先の5つのポイントを含めて図式化すると，図11-1のよう
に整理できる。

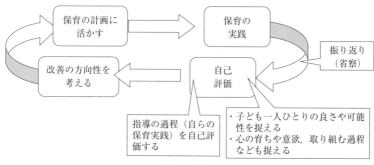

図11-1　指導の改善のサイクル

2 節 「省察」・「評価」の方法

1――「省察」・「評価」で，子どもの良さや心の育ちを捉える

前述のように「子ども一人ひとりの良さや可能性を捉える」「子どもの活動内容や結果だけでなく，心の育ちや意欲，取り組む過程なども捉える」ためには，具体的に子どものどのようなところを見るとよいであろうか。『幼稚園教育要領解説』『保育所保育指針解説』をみると，少なくとも次の3つの視点が大切であることが示されている。第一の視点は，その日の保育の中で，子どもの興味や関心，何を感じたり，何をしようとしていたのかを捉えていくことである。第二の視点は，子どもどうしの関係や保育者との関係を捉えていくことである。そして第三の視点は，これらを踏まえたうえで，その子にとっての経験や体験，さらに育ちや変容といったことを捉えていくことである。以下では，記録を通した振り返りとして，これらを具体的に示す。

2――記録を通しての振り返りと自己評価

記録の取り方についての詳細は，10章で紹介されているので，ここでは記録を通してどのように振り返ったり，自己評価を行えばよいかを紹介する。

図11-2　2歳児クラス

たとえば，図11-2の写真（2歳児クラス）を見て考えてみよう。牛乳パックをつなだものを2本用意され，少し隙間が空いている。子どもたちは，ダンボールの箱からピンポン玉を取り出して，その坂道（2本のすき間で溝になっているところ）で転がして遊んでいる。

　まず第一の視点（子どもの興味や関心，何を感じたり，何をしようとしていたのか）としては，「転がることが楽しさ」「自分にも転がすことができた嬉しさ」や「次から次に転がすことの面白さ」「下まで転がっていったら，床に落ちたときの音の心地よさ」などを感じながら，「もう１回やりたい」「次は，手で押してやってみよう」などと思っているのかなと捉えられる。

　第二の視点（子どもどうしの関係や保育者との関係）としては，子どもどうしが関わり合いながら遊ぶというよりも，一人ひとりが自分の思いを持ちながら転がし遊びを楽しんでいて，保育者は子どもの気持ちに共感しながら，遊びの様子をおだやかに見守っていた。それにより安心感を感じながら遊んでいるように感じた。

　第三の視点（その子にとっての経験や体験，さらに育ちや変容）としては，「ピンポン玉を転がすことを何度も何度も繰り返しながら，坂になっているところにボールを置くと勝手に転がる」「手で溝に押し付けると転がりにくい」「手で押すと勢いがついて転がる」などを体験を通して学び，他児がやっているときには待つことなども学ぶ。この日のこの遊びをしたから，急速に何かが育つというわけではないが，このような「こうしたらこうなる」という遊びを何度も経験する中で，物事の法則性に気づいたり，満足するまで夢中になって遊ぶ力，新たなことを試してみたりする力が育っていくと考えられる。

　記録（いまの場合は写真）を通して，このように振り返り，子どもの良さや心の育ちを捉えることが大切である。また，その際，子どもが何度も転がす遊びを見守りながら，子どもの楽しい・面白いという気持ちによりそっていたが，「もう少し積極的に関わったほうが良かったのではないか」「後半になると遊び飽きてきたような姿もあったので，もう１つ低めで転がすコースを用意したり，ボールの大きさを変えてみると遊びが持続して，もっと楽しくなるのではないか」ということも考えることによって，省察・自己評価による「指導の改善」のサイクルが回っていくことにつながる。

 節　「省察」・「評価」の実施時期

　教育学の分野では，評価をそれが行われる時期によって診断的評価，形成的

表11-1　診断適評，形成的評価，総括的評価

	診断的評価	形成的評価	総括的評価
時期	入園，年度や期，指導計画作成，日々の保育の開始前	在園中，年度や期の途中，日々の保育の最中	月末，期末，年度末，退園・退所時，担当者が変わる前など
目的	・保育目標の設定・確認 ・指導計画の作成 ・保育の準備	・保育目標の改訂 ・指導計画の修正 ・環境の再構成 ・援助・配慮の変更	・年度末，卒園時等にまとめる要録の作成 ・引き継ぎ ・次期の診断的評価
もととなる情報や資料	入園前：保護者への面談で情報収集。検査・健診など。引き継ぎの資料 保育前：保護者からの情報，朝の指針など	観察とその記録 カンファレンスなどで得られた情報	積み重ねられた記録

評価，総括的評価の３つに分けている（Bloom et al., 1971）。これを保育に当てはめたものが表11-1である。

　診断的評価は，事前評価とも言われ，入園，年度や期，指導計画作成，日々の保育の開始前に行われる評価である。保育目標の設定・確認，指導計画の作成，保育の準備などが目的である。入園前の場合は，保護者への面談で情報収集したり，検査・健診などに基づき評価が行われる。年度替わりの場合は，引き継ぎの資料が活用される。保育の前には，送迎時の保護者からの情報や朝の指針などで得た情報から評価される。この評価における省察は，資料に基づく場合は想像に頼らざるを得ない。日々の保育の場合は，前日までのその子どもの様子を元に省察が行われる。

　形成的評価は，教育学では，完全習得学習を目指す方略の１つとされている（Bloom et al., 1971）。保育では，在園中，年度や期の途中，日々の保育の最中に行われる評価で，保育目標の改訂，指導計画の修正，・環境の再構成，援助・配慮の変更が目的になる。日々の観察が主たる方法で，観察した事柄を記録に書いて初めて「評価」として活用が可能になる。カンファレンスなどでの情報共有も有効な手段である。この評価における省察は，記録を書いている時やカンファレンスなどの際に行われる。

　総括的評価は，事後評価とも言われ，月末，期末，年度末，退園・退所時，担当者が変わる前などに行われる評価である。修了，卒園時などに記載する要

録の作成や引き継ぎが目的であるが，次期の診断的評価にも活用される。積み重ねられた記録を元に評価が行われる。この評価における省察は，記録を振り返る際に行われ，引き継ぎに活用される。

このように見てくると，「省察」や「評価」は，保育のどの段階でも必要であり，保育者には常に求められていると言うことができよう。

最後に，「省察」「評価」の活用に関して，学校教育全体で求められるようになったことについて述べておく。幼稚園教育要領の記述では次のようになっている。

> 『幼稚園教育要領』第1章　総則　第3　教育課程の役割と編成等　1　教育課程の役割
> 　また，各幼稚園においては，6に示す全体的な計画にも留意しながら，「幼児期の終わりまでに育ってほしい姿」を踏まえ教育課程を編成すること，教育課程の実施状況を評価してその改善を図っていくこと，教育課程の実施に必要な人的又は物的な体制を確保するとともにその改善を図っていくことなどを通して，教育課程に基づき組織的かつ計画的に各幼稚園の教育活動の質の向上を図っていくこと（以下「カリキュラム・マネジメント」という。）に努めるものとする。

カリキュラム・マネジメントが求められるようになったのである。これまで述べてきた「省察」・「評価」は，保育者個人の業務の話であった。しかしながら上の記述は，組織として，すなわち園全体として「省察」・「評価」を行い，教育活動の質の向上を図っていく努力義務があることを示すものである。先ずは個人として「省察」・「評価」ができること，次は組織として「省察」・「評価」を行えるように保育者としての資質・能力を高める必要がある。

推薦図書

●『幼稚園教育指導資料　第3集―幼児理解と評価』　文部科学省
●『幼児理解に基づいた評価』　文部科学省

演習1　省察・評価の方法を学ぶ①

目的　「幼児理解に基づいた評価」から評価の基本を学ぶ。

方法　①材料　文部科学省（2019）「幼児理解に基づいた評価」。②手続き　見出し（青文字）を書き写しながら，本文を読む。事例（青の背景）については読んだ後にグループで感想を述べ合う。

結果の例　「第1章 幼児理解に基づいた評価の意義」の見出し

1．幼児理解と評価の考え方
　(1) 幼稚園教育の充実のための基本的な視点
　○幼児理解からの出発／○温かい関係を基盤に／○1人ひとりの特性に応じた教育
　(2) 発達や学びの連続性を確保するための視点
　○子供の発達や教育を長期的な視点で捉える／○幼児期から児童期への教育を理解する／
　○幼稚園教育を小学校教育につなげる
　(3) 幼児を理解し，保育を評価するとは
　○幼児を理解するとは／○保育における評価とは
　(4) 小学校の評価の考え方について

演習2　省察・評価の方法を学ぶ②

目的　要録の書き方を学ぶ。

方法　①材料　要録の書き方について書かれた書物（例：演習1で用いた文部科学省（2019）；神長・塩谷，2018；大方，2018）。下の表の様式。②手続き　まず1～2枚を書き写す。その後，書き方を読み，ポイントを意識しながら，もう1～2枚を書き写す。書き方のポイントがどのように反映されているかを様式にまとめる。まとめたものをグループで見せ合って話し合う。

結果の例　文部科学省（2019）p.80より

書き写し	反映されている書き方のポイント
○年度当初は積み木遊びや絵本など一人で遊ぶことが多かったが，友達が増えるにつれて遊びが広がり，戸外で友だちと一緒に運動して遊ぶことが多くなってきた。　興味をもった遊びに取り組む中で友達関係←を広げる	・指導の重点等の学年の重点に向かった伸びの記述。 ・発達を捉える視点からの振り返り（健康①②，人間関係②，言葉③）の記述。 ・年度当初と比べて大きく変容した点の記述。 ・個人の指導の重点の記述に反映させている。

第12章
職員間の対話

1 節 保育と対話

1──保育所保育指針の中の対話の記述

　指針の「第1章　総則　3　保育の計画及び評価　（4）保育内容等の評価ア　保育士等の自己評価」に「（ウ）保育士等は，自己評価におけるみずからの保育実践の振り返りや職員相互の話し合い等を通じて，専門性の向上及び保育の質の向上のための課題を明確にするとともに，保育所全体の保育の内容に関する認識を深めること」と記されている。この記述の中の「職員相互の話し合い等」が職員間の対話に繋がるところである。なおこの自己評価の部分は，2017（平成29）年の改定で留意事項から実施義務になった点にも注意をしておこう。

　各保育所における自己評価への取り組みをさらに進めるために，厚生労働省は「保育所における自己評価ガイドライン」を改訂した（2020年3月）。保育所における取り組みの進め方のイメージを示したものが図12-1である。この図から保育士等による自己評価と保育所による自己評価の間にあるものが，本章のタイトルである「職員間の対話」であり，日々欠かせないものと言えよう。

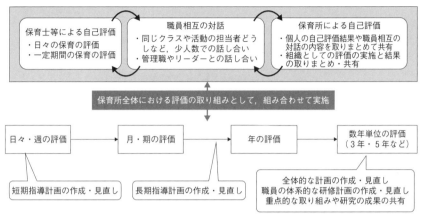

図12-1　保育所における取り組みの進め方（イメージ）（厚生労働省，2020より一部改変）

2──もし対話がなければ

　もし対話がなければどうなるだろう。鈴木（2008，一部改変）をもとに考え
てみよう。

図12-2　写真の解釈の違い（鈴木，2008より）

　図12-2は0・1歳児組の1月の一場面で
ある。真ん中の子どもはゆうみちゃん（1歳
5か月），左はゆいかちゃん（2歳），右はり
んちゃん（1歳11か月），後ろの方の子はち
はるちゃん（6か月）。子どもたちは絵本を
読んでもらうのが大好きで，自分が読んで欲
しい本を持ってきては保育者に「読んで」と
頼むようになっている。この日，ゆうみちゃ
んはちはるちゃんを見に行ったり，赤ちゃん
用のおもちゃを持っていったりしていた。保
育者がちはるちゃんをおんぶしていたとき，
他の子が絵本を読んでと持ってきたので，その子に読んでいた。その後，その様子を見
ていたゆうみちゃんも，「あんで～（読んで）あんで～」と言って絵本を持ってきた。
読み始めると，周りに子どもたちが集まってきた。

　この図をみながら，気づいたことやわかることを書き出してみよう。書き出
したら，4～5人のグループで気づいたことを話し合ってみよう。全員が全く
同じ気づきや理解ではなかったであろう。ゆいかちゃんは保育者の口元を見て
いる。りんちゃんは保育者にもたれてかかっている。様々な捉え方ができる。

同じ写真を見ても捉え方は違うのである。もし保育者間に対話がなければ，子どもの捉え方が全く異なってしまう可能性がある。

2 節　対話と人間関係

1——初任保育者や中堅保育者

　砂上（2017）は，保育の仕事が様々な人間関係を通して行われる感情労働であり，そのことが保育者の専門性であり，ストレスの原因であると述べている。この本の中で當銀（2017）は，初任保育者が対話の中で苦しむ3つの事例（図12-3）を紹介している。保育者の卵が，このような人間関係に対する対処法を学ぶことは，保育者という職業に就く上で有効である。

> 事例1 【初任保育者】いろいろ聞きたいけれど，誰に聞いたらいいの？
> 事例2 【初任保育者】できなくて当たり前というけれど…
> 事例3 【初任保育者】子どもの対応を話し合いたいけれど，言い出せない

図12-3　初任保育者の対話の中での悩み

2——リーダーシップ

　「リーダーなんておこがましい」と感じる者も多いだろう。確かにリーダーになる者は人数的にも限られている。しかしリーダーシップは誰でも発揮できる。シラージとハレット（2013）は4つのリーダーシップを区別した（表12-1）。たとえば，表12-2は2歳児の2人の担任の対話の逐語録であるが，この

表12-1　協同的なリーダーシップ（Siraj & Hallet, 2013）

リーダーシップの内容	リーダーシップの実戦
方向づけのリーダーシップ	共通のビジョンを作り上げること 効果的なコミュニケーション
協同的なリーダーシップ	チーム文化の活性化 保育者や保護者の共同を促す
エンパワメントするリーダーシップ	主体性を引き出す 変化の過程
教育のリーダーシップ	学びをリードする 省察的学びをリードする

表12-2 「意欲を育てる」に関する対話の逐語録の一部（富田，2014）

> T：「やっぱり子どもたちの『ジブンデ』という思い，これ大切にしていくことが一番かなぁと思う
> 　んだけど，どう思う？」
> F：「そうですね，私もそれが大事だと思います」
> T：「で，問題は『自我』なんだけど，この本の中にはね，『自我とは何かにこだわっているジブ
> 　ン』ってあるのよ。だとすると，子どもたちの中の『ジブン』をしっかり保障していくことが，
> 　結果的に『ジブンデ』という思いを強くすることにつながるんじゃないかなぁと思うのよね」
> F：「なるほど」
> T：「だから，『ジブン』を保障していくことが大事なんだけど…，そのためにはどうしたらよいと
> 　思う？」
> F：「うーん…。そうですねぇ…」

なかのFの発言は，どう見てもリーダーには見えない。しかし，3～4名のグループの中であれば，このような発言は，協同的なリーダーシップにつながるものである。

3 節 保育において対話を促す「もの」と「こと」

1——保育記録

(1) 逸話的記録

　いつ，どこで，どんな場面で，誰が，何をしたかを記録するものである。エピソード記録（鯨岡・鯨岡，2007）として保育界で流行し，多くの研究や実践につながった（岡花ら，2009；石田，2013）。1つの場面（遊び），1人の子ども，1日の保育に焦点を当てて書くと対話が生まれやすい。一定の枠組みを決めて書くだけでなく，名簿に書き込んだり，日案に書き込んだり，園内マップに書き込むなど広がりを見せている。図12-4は名簿に書いた記録の例である。

(2) 写真やビデオ

　逸話記録を補うものとして，写真やビデオを使うことは有効である。「いつ，どこで，どんな場面で，誰が，何をしたか」のうち，写真は「いつ，どこで，どんな場面で」などに関する情報を伝えてくれる。ビデオならさらに「誰が，何をしたか」も伝わる。しかしながら，これらの媒体には撮る人が必要であり，撮ることが保育の妨げになることもある。さらにビデオだと見返す時間も必要になる。よい部分をうまく使う工夫をしたいものである。

	A児	B児	C児	D児	E児
4月21日 （月）	登園してくると，もも組のままごとコーナーで遊び始める。もも組のTの作ったアイスクリームに興味を示し，遊ぶ。ゆり組に帰ってからは，F・Gが遊んでいたレストランの席にHと一緒に座っている。何となく一緒にいることはあるが，一緒に遊んでいるという感じではない。人形に興味を示す。	アスレチックで遊ぶ。高いところから飛び降りようとしていたので注意する。	積み木が他児に使われていると，「椅子の積み木で作る」と言い，椅子を並べてぬいぐるみを寝かせる。後半，空き箱の猫を作り，散歩をさせる。	ままごとコーナーで折り紙を丸めた料理を作っていたので，京花紙の料理の作り方を教える。が，続かなか。難しかったか。	菓子の空き箱をつなげて電車に見立てて遊ぶ。ただつなげただけなので，もっとイメージをもてるように，一つひとつを紙に包んで色をつけたり，タイヤをつけたりするなどの案を提案していきたい。
4月22日 （火）	……（略）……	……（略）……	……（略）……	……（略）……	……（略）……

図12-4　名簿を利用した逸話記録の例（文部科学省，2013より一部改変）

2──対話の録音

　メモを取りながら対話する技術，あるいは対話を後からメモする技術は，学生時代に身につけておくとよい。前者は授業を聴きながらメモを取るのと同じであり，後者は授業を振り返ってメモを取る形である。

　しかしながら，対話しながらのメモには限界がある。自分の関心事が中心になったり，自分なりのまとめ方をしてしまったり，対話をしながら考えていると手が止まり，メモが取れないことがある。また，対話の最中にメモを取ることで対話にならないこともある（文部科学省，2013）。

　そこで役立つのが録音である。録音を使うことで上記の限界を超え，自分の発した意見をも客観的にとらえることができるという利点がある。幼児や場面を理解し，省察を深めることが可能である。多面的な捉えにもつながる。

　もちろん録音にもマイナス面がある。聞き直すのに同じだけの時間，あるいはそれ以上の時間がかかることである。ICT機器をうまく使うことがこれからの保育には求められるであろう。

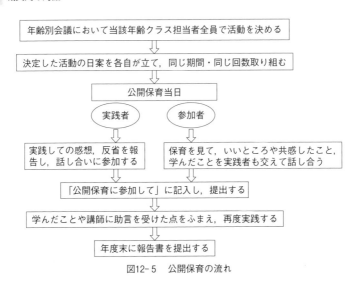

図12-5　公開保育の流れ

3──公開保育

　みずからの保育を開くことは，対話を促す究極の手段である。成田（2016）は公開保育の流れを図12-5のようにまとめている。公開保育当日までに担当者が対話をして準備をする。当日も，保育終了後に実践者と参加者が対話をする。最後に報告書を作成する際も園内での対話がくり返される。

　なお，図12-5は自治体や保育関係団体単位の公開保育だが，園内公開保育（村井，2009）も効果的である。

4 節　対話が拓く保育者の専門性

　専門性とは何かについて考えておこう。児童福祉法によれば，家庭でも保育（養護及び教育）は行われている（第6条の3第7項）。そこで「保育ができる」や「養護及び教育ができる」は専門性とは言いがたい。指針などの告示に沿った保育ができることが専門性の始まりと言うことが適当である。ここでは保育者としての専門性を高めるための各園の工夫を紹介する。

1──保育カンファレンス

　保育カンファレンスは，保育者が日々の保育をともにふり返ることと定義できる。この定義の「ともに」という表現の中に対話が含まれる。ふり返る際，指針などの告示がよりどころとなる。そのため，カンファレンス積み重ねることで専門性が高まる。

2──参加型園内研修

　松山（2010）は，研修や会議にファシリテーター（進行役）を置くことを推奨した。この立場の役割は，「参加者を支援し，話を引き出し，待ち，聞き，一人ひとりの気持ちを大切にし，多様性の尊重に重点を置く」ことである。対話を促進する役割と言える。

3── SICS，ECERS など

　SICS は保育中の子どもの状態を安心度と夢中度の2つの観点から評定し，対話を通してより良い保育を検討するツールである（「保育プロセスの質」研究プロジェクト，2010）。ECERS は保育の環境を7段階尺度で評定するものである（Harms et al., 2015）。評定で終わらせるのではなく，改善策を検討する際に対話が生まれる。SICS や ECERS は，告示に沿った保育を超えて専門性を高めるのに有効である。

　これらはいずれも，対話を通して，学びの共同体（National Research Council, 2000）を作る営みである。保育者の専門性はこの共同体で培われると言っても過言ではない。

Book　推薦図書───────────────────────

● 『子どもは成長する　保育者も成長する II』　成田朋子　あいり出版
● 『参加型園内研修のすすめ─学び合いの「場づくり」』　松山益代　　ぎょうせい
● 『保育現場の人間関係対処法』　砂上史子（編著）　中央法規

演習1　対話を経験する

目的 おしゃべりや会話ではなく，対話を経験することを通して，保育者がお互いの信頼関係を構築しつつ，保育をしている様を想像する力を養う。

方法 ①材料　下の表の様式。②手続き　個人で下の表を埋める。科目（日）欄は，最近，印象に残っている授業の科目名とその日付を書く（ノートなどを見返してよい）。理由欄は，なぜそれが印象に残ったかを振り返り，同じ授業を取っている相手に伝わるように書いてみる。2人で1組になり，書いたことを紹介し合う。話し合いで気づいたことを気づき欄に書く。

結果の例

科目（日）	
理由	
気づき	

演習2　学生間の対話から保育者間の対話を想像する

目的 保育者どうしの対話を想像することを通して，意識して対話をするための力を養う。

方法 ①材料　下の表の様式。②手続き　演習1では「最近，印象に残っている授業」をテーマにしたが，保育現場では「気になった子ども」「今日の子どもたちの様子」などをテーマに同様の対話を繰り返している。対話のメンバーは様々な経緯をもつ保育者集団である。このことを念頭に置き，保育者間の対話の際に気をつけること（留意点欄）やその効果（効果欄）を書いてみる。書いたものをもとに，2人で1組になり，より留意する点や効果について話し合う。

結果の例

留意点	
効果	

第13章
保護者との情報の共有

1 節　保育所保育指針に示される保護者との情報共有

　保育所保育指針「第1章　総則　1　保育所保育に関する基本原則　（1）イ」において「保育所は，その目的を達成するために，保育に関する専門性を有する職員が，家庭との緊密な連携の下に，子どもの状況や発達過程を踏まえ，保育所における環境を通して，養護及び教育を一体的に行うことを特性としている」と示されるように，保育所保育は，保護者とともに子どもを養育し，子どもの生活の連続を踏まえ，保護者の気持ちに寄り添いつつ，家庭との密接な連携を通して行う必要性が示されている。このような保育を展開するためには，子ども理解は重要で，保護者との情報共有が不可欠である。保護者と情報共有することで，保育士も保護者もそれぞれが子どもについて理解を深めたり，子どもの新たな面に気が付いたりする。

　また，保育所保育指針「第4章　子育て支援　2　保育所を利用している保護者に対する子育て支援　（1）　ア」では，「日常の保育に関連した様々な機会を活用し子どもの日々の様子の伝達や収集，保育所保育の意図の説明などを通じて，保護者との相互理解を図るよう努めること」と子育て支援における子どもや保育に関する情報共有について示している。

このように子どもの育ちや福祉のために，保育においても，子育て支援においても保護者との情報共有の必要性が示されている。昨今，複雑な事情を抱える親子が増えていることなどから，保護者との情報共有は今後ますます重要になるだろう。

2節 保護者との情報共有のための姿勢

保護者との情報共有は，3節で示すいくつかの方法によって行われるが，情報共有の際に保育士には少なくとも3つの姿勢や心構えが求められる。

第一に，子どもの保育所と家庭での生活の連続性を認識しながら情報の収集や交換を行うことである（伊藤，2019）。保育士が保護者との情報共有を行うのは，子どもを理解することで，子どものよりよい育ちにつなげていくためである。子どもは保育所だけでなく，家庭でも生活をしている。そのため，子どもの言動や状況を理解するためには，保育所での子どもの様子だけでの判断，あるいは家庭での子どもの様子だけでの判断では不十分で，子どもの生活の連続性を踏まえることが求められる。

第二に，日々こまめに保護者に関わり，保護者に子どものことを具体的に伝えることである。保育所での子どもの生活や遊びなどの様子，保育の意図や保育所の取り組みなどは，保育士が意識して保護者に伝えなければ保護者は保育所での子どもがどのように過ごし，どのように育っているのか理解ができない。そのため，保育士には保護者へ曖昧な内容ではなく，具体的な内容を伝えることが求められる。

保護者は保育所での子ども育ちや家庭とは異なる姿を知ることで，我が子の理解を深め，安定した親子関係の構築にもつながる。そして，保護者との日々の関わりや子どもの様子をしっかりと伝えることは，保護者に安心感を与え，信頼関係を築く基礎となる（鶴ら，2017）。

第三に，保護者の話をよく聴くことである。保育士は前述したように，保育所での子どもの様子などを伝えることが求められる。しかし，家庭での子どもの様子などは保護者から情報を引き出し，共有する必要がある。そのためには，保育士がカウンセリングマインドに基づく姿勢で保護者に関わることが求めら

れる。すなわち，保護者の気持ちを受け止めながら保護者の話を傾聴し，保護者の気持ちに共感するとともに，個人として尊重する態度を示すことである。さらに，マイクロカウンセリングの技法などを用いて，保護者が話すのを促していくことも求められる。そうすることで保護者は安心して，保育士と話をすることができる。

3 節　保護者との情報共有の方法

　保育士が保護者と情報を共有する方法はいくつかある。たとえば，連絡帳，保護者へのおたより，送迎時の会話，保育参観や保育への参加，親子遠足や運動会などの行事，入園前の見学，個人面談，家庭訪問，保護者会などである。本節では，これらのうちで頻度が高いと思われる順に，直接の会話，連絡帳，おたより等の配布物，保育参観・保育参加の4つを取り上げて，具体例を入れて解説する。

1──直接の会話

　直接の会話は最も直接的，かつ対話的な情報共有の方法で，送迎時の会話，個人面談，行事での会話などがあげられる。保護者と実際に会って，それぞれが子どものことを話すことによって，より詳細に保護者に質問したり，具体的に説明したりすることができる。さらに，保護者とのちょっとした会話から保護者が我が子をどのように捉えているのかを理解したり，保護者の抱える子育てに関する不安や悩みを引き出したりすることがある。以下，4歳児クラスのAの保護者と担任保育士の会話である。

> **事例**
> 保育士①：おかえりなさい……今日は，Aちゃんが昨日は親戚のおにいちゃん，おねえちゃんと遊んで楽しかったと話していました。
> 保護者①：Aがそんなことを言ってたのですか。でも，昨日も恥ずかしがってなかなか子どもたちと遊ばなかったんですよ。うちの子は，人見知りで引っ込み思案なのでもっと積極的に他の子どもや友達と関わってほしいと思っているんです。

保育士②：引っ込み思案と心配しておられるのですね。でも，Ａちゃんはとてもよくまわりを見て行動していますし，困っている友達を手伝っていますよ。

保護者②：そうなんですね。よくまわりを見て，友達を助けているんだ……。

　保護者①で，Ａの保護者は我が子のネガティブな面を捉えて，もっと積極的に他児に関わってほしいと願っている。これを受けて，保育士②では「よくまわりをみて行動し」と肯定的に返し，さらに他児を手伝っていることを伝えている。このようなやりとりを通して，保育士は保護者が我が子をどのように捉えているかを把握するとともに，保育所での様子を肯定的に伝えることで保護者の我が子の捉え方の変化を促したり，情報を共有したりするのである。

　しかし，時間的に余裕がない保護者や延長保育を利用する保護者は，送迎時に会話をする時間や担任保育士と話す機会がなく，他の方法で情報共有を行う必要がある（伊藤，2019）。

2——連絡帳

　保育士と保護者を橋渡しするために重要なもので，子どもに関する情報共有に役立つ。保育所での子どもの様子や食事，睡眠，排泄などの基本的生活習慣が保育士より記載され，保護者からは家庭での子どもの様子や健康状態，送迎時間などの連絡，子育てに関する質問などが記載される（表13-1参照）。また，図13-1のように写真を活用することで，うどん作りから食事まで，保護者によりわかりやすく子どもの様子を伝えることができる。

　このように連絡帳は，情報共有の道具として用いられるとともに，子どもの成長の記録，保育士と保護者との関係作りや子育て支援の手段として用いられるなど，その役割は拡大しているといえる（丸目，2017）。

表13-1　連絡帳の様式の例

月　　　日　　曜日

家庭での生活			
検　温	時　　分	℃	家庭での様子
機　嫌	良　・　普通　・　悪		
睡　眠	時　分〜　時　分		
前日の夕食			
本日の朝食			記入者（　　　　　　　　）
			連絡事項
排　泄	時　　分（　　　　　）		

園での生活			
おやつ（午前）			園での様子
給　食			
おやつ（午後）			
睡　眠	時　　分〜　時　　分		
検　温	午睡前：　　　　℃　夕　方：　　　　℃		記入者（　　　　　　　　）
			連絡事項
排　泄	時　　分（　　　　　）		

図13-1　写真を用いた連絡帳

3──おたよりなどの配布物

　保育所から保護者・家庭に向けて発行される配布物で，園だより，クラスだより，給食だよりなどがある。園だよりには，図13-2のように，保育方針や行事予定，保護者への協力依頼などが記載されている。クラスだよりは，それぞれのクラスの保育の取り組みや具体的なクラスでの活動の様子などが記載されている。これらのおたよりは一枚にまとめられたものが配布されることもある。

　おたよりなどの配布物は，各家庭に同じ情報を提供できるというメリットが

2月
保育園だより

◇◇◇保育園
園長　□□　○○
20●●年2月■日発行

　今年は暖冬で，厳しい寒さもないまま春を迎えてしまいそうです。
　先月は，0・1・2歳児の保育参加・懇談を行ないましたが，たくさんの保護者の方に御参加いただきありがとうございました。今月は幼児クラスも保育参加を行います。お店ごっこや表現遊び，劇遊びなど，どんなふうにすると楽しくなるか子どもたちと相談しながら進めているところです。今まで経験してきた楽しい遊びを広げたり，「こんなのもやってみたい！」と新たなアイデアが浮かんだり，毎回どんなあそびが展開されるかワクワクします。子どもたちの成長を感じながら，保護者の皆さんも一緒に楽しんでいただけたらと思います。

お迎え時の安全に注意しましょう

　お迎えに来られたら，お子様の安全は保護者の方に見ていただきますようお願いいたします。
　階段での怪我，自動ドアが開いていて気付かぬうちに園外へ出てしまったときの交通事故など，ちょっとした油断が危険につながりかねません。子どもたちにも「一人で階段を下りない」「一人で先に出ない」と約束をしていますが，必ず保護者の方と一緒にお願いします。
　また，「危ないな」と気づかれた時には声をかけ合ってください。ご協力をお願いいたします。

お知らせとおねがい

<u>2月22日（土）は4・5歳児の保育参加・参観です。</u>
　保育参加・参観　9：30～11：30頃
　9時20分～9時30分に登園してください。

20●●年（平成△△年）
2月　行事予定

1日	（土）	保育参加・参観（3歳児）
3日	（月）	節分
		身体測定（2～5歳児）
4日	（火）	身体測定（1歳児）
5日	（水）	身体測定（0歳児）
6日	（木）	避難訓練
7日	（金）	クラス懇談会（3歳児）
13日	（木）	月例健診（0・1歳児）
		内科健診（2歳児）
		4・5歳児　保育参加予行①
20日	（木）	4・5歳児　保育参加予行②
22日	（土）	保育参加・参観（4・5歳児）
26日	（水）	電車遠足（5歳児）
28日	（金）	クラス懇談会（5歳児）

ー地域子育て支援事業ー
園庭開放　4日（火）・25日（火）
体験保育　18日（火）

≪保健室より≫

　進級にあたり，予防接種表の見直しをお願いします。
　懇談会の際に，各担任よりお返ししますので，新しく接種したものがあれば追記し，確認が済みましたら，再度担任へお渡し下さい。ご協力よろしくお願いします。

＊保育園での薬の取り扱いについて＊

　与薬についてのご協力をありがとうございます。
　誤薬予防のため，基本的に保育園での与薬は行いません。お子様の症状が悪化する恐れのある場合は，その症状に対して医師が処方した薬のみお預かりすることが可能です。
　その際は，ご相談下さい。

図13-2　2月の園だより（一部掲載）

あるが，保護者が読まなかったり見落としたりするというデメリットがある
（伊藤，2019）。

4──保育参観，保育参加

　保育参観は，保護者が保育所での子どもの様子や保育を参観するための行
事・機会である。日頃，保護者が保育所での子どもの様子を見ることができる
のは送迎時や行事などに限定される。保育参観では，実際の保育所での子ども
の活動や保育士の子どもへの関わり方，保育所の環境などを見て，我が子の成
長を理解することができる。また，具体的な保育所の保育方針や保育内容につ
いて理解をしてもらうきっかけとなる。このように，保育参観は保護者にとっ
ても保育所にとっても貴重な情報共有の時間となる。

　保育参加は，保護者が子どもの様子や保育の見学のみの保育参観と異なり，
保育者が目の前の保育に参加する機会である。保育所での生活や遊びに保護者
が参加することによって，我が子の家庭とは異なる姿を知ったり，子どもの言
動の意味や子どもたちの世界を保護者は理解したりする。また，保育士の子ど
もに関わる様子を見ることで，保育士の意図を理解したり，保護者自身の子ど
もへの接し方への気づきを得たりすることができる。さらに，保護者は保育士
が保育を進める様子を間近で見たり体験したりすることで，保育士の仕事内容
を理解することができる。

|Book| 推薦図書────────────────────────────────

● 『0・1・2歳児のプロの連絡帳の書き方』　川原佐公・古橋紗人子・藤本員子・田中三千
穂監修・編著　ひかりのくに
● 『保育園と家庭をつなぐHOW TO コミュニケーション』　保育の友編集部（編）　全国社
会福祉協議会

━━━━━━━━━━━━━━━━━━━━━━━━━━━━━━━━━━━━━━
演習1　送迎時のやりとりを演じる
━━━━━━━━━━━━━━━━━━━━━━━━━━━━━━━━━━━━━━

目的　保育者役・保護者役に別れて送迎時のやり取りを演じることで，伝え方・伝わり方を学ぶ。

方法　①材料　下の表の様式。②手続き　2人1組になり，保育者役と保護者役を決める。保育者役は，かみつきが生じたことを想定し，「かみつかれた」（後に「かみついた」）子どもの保護者に事の次第を伝える話し方を伝え方欄に書き込んでみる。保護者役はその保育者と関係が良い保護者，普通の保護者，悪い保護者のいずれかを演じるつもりで準備をする。伝わり方を話し合って書く。

結果の例

保育者想定	かみつき児・かみつかれ児	保護者想定	関係良し・普通・関係悪し
伝え方 　今日おもちゃで遊んでいるときに取り合いになり，●●ちゃんにかみついてしまいました。		伝わり方 　自分の子どもが一方的に責められていると感じた。保育者の管理不行き届きではないか。責任は保育者にある。	

━━━━━━━━━━━━━━━━━━━━━━━━━━━━━━━━━━━━━━
演習2　連絡帳を書いてみる
━━━━━━━━━━━━━━━━━━━━━━━━━━━━━━━━━━━━━━

目的　連絡帳を書く練習をする。

方法　①材料　「保育とカリキュラム」などの保育雑誌や連絡帳の書き方に関する書籍。②手続き　書籍を見ながら2枚書いてみる。1枚は丸写しで良い。もう1枚は，保護者からの連絡と，その子どもの様子を想定して書く。

結果の例　保育とカリキュラム2019年8月号 p.76より作成

家庭でのようす／家庭からの連絡事項	園でのようす／園からの連絡事項
日に日に重くなり，抱っこをするのもきついです。夜中の授乳は私も寝ながら。母乳の出も悪く，ずっと吸っていることも……。夜中のグズグズは父親があやすと泣き止みます。	夜中の授乳は大変ですね。本当に飲みたいと言うよりは，お母さんとくっついていたいのかもしれませんね。給食を食べた後，何かをチューチュー吸うように口を動かしていたBちゃん。口の中を見てみると，オレンジの薄皮が……。いつも薄皮は取っているのですが，少し残っていたようです。取り出してみると，「おいしいところは全部食べました‼」という感じで，きれいに皮だけ残っていました。食欲旺盛です。お父さんの夜中の対応，ありがたいですね。Bちゃんとの愛着関係がしっかり築けている証拠ですね！

第Ⅳ部

子どもの理解に基づく
発達援助

第14章

発達の課題に応じた
援助や関わり

1 節　発達の課題とは

1——発達課題に関する理論

　発達の課題に関する著名な理論として，ハヴィガーストの発達課題があげられる。ハヴィガースト（Havighurst, 1953）は，人間の発達におけるそれぞれの時期に達成しなければならない教育上の課題を，教育の「発達課題」とよび，生涯にわたる発達の課題を年齢時期ごとに示している。乳幼児期の発達課題（表14-1参照）は，歩行の学習などの身体的な成熟に基づくことや，両親など

表14-1　ハヴィガーストの発達課題（乳幼児期）(Havighurst, 1953)

(1) 歩行の学習
(2) 固形の食物をとることの学習
(3) 話すことの学習
(4) 排泄のしかたを学ぶこと
(5) 性の相違を知り性に対する慎みを学ぶこと
(6) 生理的安定を得ること
(7) 社会や事物についての単純な概念を形成すること
(8) 両親やきょうだい姉妹や他人と情緒的に結びつくこと
(9) 善悪を区別することの学習と良心を発達させること

と情緒的に結び付くというような社会的なものを含む。またハヴィガーストは，発達課題という概念は，以下の２つの理由から教育者にとって役に立つと述べている。第１に，教育目標を発見し設定することを助けるという点である。第２に，教育的努力を払うべき時期を示しているという点である。発達課題は，教育がいつ行なわれるのが最適なのかという，教育の適時を教えてくれるのである（田代，2005）。

2──発達検査からみる発達課題

実際に発達課題に応じた適切な援助や関わりをするためには，各時期の発達課題がどのような過程を経て発達していくのかを，具体的に理解しておく必要があるだろう。たとえば言葉を話すことに関しては，意味のある言葉を話すことよりも前に，喃語を話すことや，指さしや手振りなど，言葉を使わない（前言語的）コミュニケーションがあり，それが基盤となって，言葉が生まれてくる。このような発達の過程，とくに発達の順序や前提条件を理解することが大切である。また話すことには，他者の言葉を理解する側面と，みずから言葉を発する側面があり，その両面から発達を捉えていく必要もあるだろう。

より詳細に発達の課題を捉えるためには，発達検査の項目を知ることが役に立つ。発達検査では，子どもの日常の様子をよく知る保護者や保育者が，運動，言葉，対人，生活などの領域に関する質問項目に○×で回答することによって，乳幼児期の発達状況を測ることができる。たとえば， KIDS 乳幼児スケール（三宅，1991）では，表14-2に示す９つの領域から，乳幼児期の発達を捉えて

表14-2　KIDS（キッズ）乳幼児発達スケール（三宅，1991）

1. 運動／体全体の大きな動き
2. 操作／手指などの意図的な動き
3. 理解言語／言葉の理解
4. 表出言語／話すことのできる言葉
5. 概念／状況依存によらない言語的理解
6. 対子ども社会性／友だちとの協調行動
7. 対成人社会性／大人との関係，とくに親子関係
8. しつけ／社会生活における基本的なルール
9. 食事／衛生感覚や食事の基本的なルール

いる。発達検査の結果から，平均的な発達状況からの遅れや，特定の領域の落ち込みが明らかになった場合は，それを対象児の発達の課題として捉え，適切な支援を考えていく必要があるだろう。

3──発達課題をどう捉えるか

発達検査では，その子どもが何がどの程度できるのかをチェックするための質問項目が設定されている。たとえば乳幼児精神発達診断法（津守・稲毛，1961）には，立つことに関する項目として「8・23（8か月の23項目という意味）すこしの支えで，立っていることができる」「9・24　20分くらい，つかまり立ちしている」など，運動能力をチェックする項目が並んでいる。

しかし，津守（2005）は，乳児や障碍をもった子どもとの関わりの経験から，「『歩く』ということが発達課題なのではなく，『立とう』と努力すること，意志すること」が発達課題なのではないか」と述べるにいたっている。運動能力としての立つこと，歩くことに限らず，歩くという目標に向けた，子どもの努力や意志に着目しているのである。発達課題をその時期に達成しなければならないものとして，どの程度できるかという観点から捉えるのではなく，子どもの姿や子どもの内面に寄り添うことは，子どもの発達課題に応じた保育者の支援を考える上でも，大切な観点といえる。

 節　発達の課題に応じた援助をするために

1──発達過程を知る

子どもの発達の課題を捉えるためには，まずは子どもの発達過程に関する知識をもつことが不可欠である。保育所保育指針においては，子どもの発達を，環境との相互作用を通して資質・能力が育まれていく過程として捉えており，これはある時点で何かが「できる，できない」といったことで発達をみようとする画一的な捉え方ではなく，それぞれの子どもの育ちゆく過程の全体を大切にしようとする考え方である（保育所保育指針解説，2018）。

発達には，ある程度一定の順序性や方向性があり，さらには発達の諸側面の

相互関連について理解することが大切である。先に述べた，発達検査の項目を学ぶことは，発達過程をより具体的に理解する助けとなるだろう（演習課題参照）。また乳幼児期の発達を解説した本（河原，2018；湯汲，2015）も参考になる。

2——その子ども自身の発達の課題を捉える

　保育者は，子どもの発達の特性や発達状況を見極め，子どもの育ちを見通し援助していくことが大切である。あわせて，その子どもにとっての発達の課題は何かを考えていく必要がある。その際，発達課題が，子ども自身の努力目標，保育者自身の目標，統合された目標（田代，2005）のどれに当てはまるのかを自覚する必要があるだろう。子どもみずからが感じている発達や成長への意志が反映された課題ではなく，保育者の期待や保育の都合が優先された発達課題になってしまってはいないか，反省的に考えることが大切である。

3——発達状況を見極めた援助や関わり

(1) スモールステップに分ける

　発達の課題の達成に向けて援助を進めていく場合，最終的な達成目標をもつことに加え，その最終目標にいたる過程を丁寧に捉えて支援することが大切である。小さな段階に分けることで，どこまでできていて，どこにつまずいているのかが，よりわかりやすくなり，適切な支援ができるのである。

(2) 発達の最近接領域を意識する

　ヴィゴツキー（Vygotsky, 1978）は，まわりからの援助なしで，独力でできる現在の発達水準と，独力ではできなくても，大人から適切なヒントや援助があるとできるというレベル（明日の発達水準）の2つが存在し，その間の範囲を「発達の最近接領域」とよんだ（図14-1）。現在の発達水準とは，すでに1人でできるレベルであり，いわばそれまでの教育の結果として存在している。一方，発達の最近接領域は，これからできるようになっていく状態を意味し，教育の可能性として有用なものといえる。これらの水準はいずれも固定的なものではなく，子どもによって異なり，また子どもの成長・発達とともに変化していく。他者の援助を得て今日できたことは，明日になれば独力でできるよう

発達の最近接領域（図の斜線部分）は，独力で問題を解決できる水準と援助があればできる水準の間の領域を意味する。たとえば，知的水準が7歳ではほぼ同じAとBという子どもがいるとする。独力で問題を解決できる水準では2人の間には差が見られない。しかし援助が与えられるとできる水準が，Aは9歳，Bが7歳半だった場合，2人の発達の最近接領域は異なることになる。

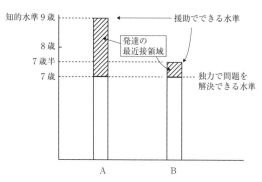

図14-1　発達の最近接領域（赤澤，2010）

になるかもしれない。そうなると，今日は適切だった関わりでも，明日には手を出しすぎてしまっているかもしれないのである。発達の最近接領域を意識しながら，独力でできることと，支援が必要なことを見極め，支援をしつつ，ややむずかしい課題にも取り組ませていくことも大切である。

4——保育現場での支援

　最後に実際の子どもの姿から，発達課題に応じた援助と関わりについて考えてみよう。とくに，集団生活のなかで自己を発揮するという保育現場ならではの発達課題について考えてみたい。

　4歳児クラスからの新入園であるB介は，6月になっても登園時に泣くことが多く，泣き止んでも担任のM先生のそばから離れることができず，自分から遊び始めることができなかった。活動がわからないと泣き出すことや，「もう終わる？」などと終わりを気にする様子が見られた。以下の事例も，朝から先生のそばで過ごしていた日のことである。

事例1　園内のホールでのお店屋さんごっこ（6月）

　5歳児がお店屋さん，4歳児がお客さんとして買い物ごっこをすることになる。始まる前に，下見の時間があり，B介は同じクラスのC太と一緒に，5歳女児D実にお店を案内してもらう。

　お店屋さんごっこが始まると，B介はホール内をうろうろし，まずM先生を見つけ近寄る。しかしM先生は人混みに驚いて泣き出したY男と関わっているため，話ができない。しょうがなくB介はM先生から離れて，アクセサリー

屋に近寄り，少し離れたところからお店をのぞく。1人で不安げにお店の前に立っていると，先ほど案内をしてくれたD実から「いらっしゃいませ」と声をかけられる。B介はお店の品物に手を伸ばして，近くにあるものを取り，D実に渡す。そしてD実に促され，財布からお金をとり，レジで払い，品物を受け取る。B介は，初めて自分で買い物ができたことがうれしかったようで，不安そうな表情が消え，笑顔になる。すぐにM先生を探すが見つからず，1人で別の店を回る。大きな飛行機を選び，会計を待つが，混んでいてなかなか順番が回ってこない上，忘れられてしまう。近くにいた別のクラスの先生が，店番に声をかけ，買うことができる。B介は，買ったばかりの大きな飛行機を持って，M先生に近寄り，自分の名前を書いてもらい，にっこり笑う。その後も1人で買い物をし続け，終わりの時間になると，両手にさげた袋に入りきらないほどの商品を持って，M先生よりもさきに部屋に戻る。

　B介は買ってきたものを広げ遊び始めるが，たびたび視線を部屋の入り口に向け，「先生まだ来ないかな」と帰りを待つ。M先生が戻ると，おもちゃを持って走って先生に見せに行く。

　4歳で新入園のB介にとっての発達の課題は，幼稚園生活を見通しをもって過ごすこと，自分のやりたい遊びを見つけ，自分の力を十分に発揮しながら遊ぶことであった。この事例の日まで，M先生はB介といつも一緒にいながら，園生活での1日の見通しをもたせるために，早めに何をするのかを伝えたり，1日の流れの絵カード，降園時間を示した腕時計を作ったりしていた。そしてこの事例の後，B介に変化が見られた。登園してから泣く時間が短くなり，泣いてしまったとしても，自分で泣きやみ，遊び始めるようになったのである。また他児との関わりも増えてきたのである。

　この変化が生じた要因として，B介が自分の力を発揮し，先生から離れて買い物ができたことが，まずあげられるだろう。自分の力でできたという経験は，大きな自信をもたらし，次のチャレンジへの原動力となる。抱えきれないほどの買い物をしたB介の様子からも「できる自分」を実感したことがうかがえる。

　ただし買い物ができたのは，B介1人の力だけではない。B介を支えるまわりの人も大きな役割を果たしている。担任のM先生は，この事例のなかでは買い物をするB介に直接的に援助はしていない。しかしB介は，M先生の姿を探し，買えたときには真っ先にそれを見せに行く。ほかの誰かではなく，M先生に見せたいのである。M先生との信頼関係，そしてM先生がいることの安心感

に支えられて，自分の力を発揮できたといえるだろう。またD実の存在も重要である。1人で不安げにしていたB介に，具体的に援助してくれている。この関わりには，直前の下見が功を奏したといえる。事前に顔見知りになることで，関係ができ，D実は援助をしやすく，B介も援助を受け入れやすかったと思われる。

　加えて，お店屋さんごっこという遊びがもつ影響力も大きいだろう。お店屋さんの店頭には，B介にとって魅力あるおもちゃがたくさん並んでいた。そのような環境が生み出す魅力に加え，他の子が買い物している姿を見ることで「自分も買いたい」という気持ちが非常に高まっていた。遊びそれ自体が，B介に自分の力で一歩踏み出す勇気をもたらしてくれたと解釈できるだろう。

　これまで述べてきたように，発達の課題に応じた関わりには，子どもの発達状況を丁寧に捉え，その子自身の発達課題を理解することが大切である。さらに保育現場においては，集団生活のなかでいかに発達課題を達成していくのか，先生との信頼関係や友達との関わり，遊びそれ自体がもつ魅力や環境を含めて，総合的に考えていく必要があるだろう。様々な場面を想定して，具体的な支援の可能性を考えてほしい。

［付記］
事例は，筆者の白梅学園大学付属白梅幼稚園での観察記録と担任からの聞き取りによる未発表のものである。

📖 **推薦図書**────────────────────────────

- ●『0歳～6歳子どもの発達と保育の本』　第2版　河原紀子（監修）　学研プラス
- ●『育てたい子どもの姿とこれからの保育』　無藤隆（編）　ぎょうせい
- ●『0歳～6歳子どもの社会性の発達と保育の本』　湯汲英史　学研プラス

演習1　発達課題を考える

目的 ハヴィーガースト（Havighurst, R. J.）の発達課題について，津守（2005）の論文を受け，「○○しようと努力すること，意志すること」を発達課題と考えた上で，保育場面で何が求められるか，またそれらを身につける為の環境を考える力を養う。

方法 ①材料　ハヴィーガストの発達課題が書かれたもの。下の表の様式。②手続き　ハヴィーガストの発達課題の一つひとつについて，求められるものをステップに分け，その課題を身につけるには，どのような環境を用意すればよいかを書き出す。書いたものをグループで共有し，適切さについて話し合う。

結果の例

発達課題	ステップ	用意する環境
排泄のしかたを学ぶこと	①排泄の間隔を知る（保育者側） ②排泄の成功感を味わう ③排泄の欲求を自覚する ④清潔の責任を自覚する	食事，水分摂取の時間と量，排泄の時間を記録する用紙。 おおむね排泄する時間に排泄場所に連れて行き促す。でたらほめる。叱らない。 「そろそろおしっこかな」などと促す。 うまくできたことをほめたり，失敗を残念がったりする。

演習2　発達課題に対する関わりを考える

目的 発達課題を「○○しようと努力すること，意志すること」と考えた上で，発達検査の各項目について，どのようなかかわりが必要かを考える力を養う。

方法 ①材料　発達検査（KIDS 乳幼児発達スケール，津守・稲毛（1961）「乳幼児精神発達診断法　0歳から3歳まで」大日本図書（増補改訂，2002年）など）。下の表の様式。②手続き　項目を分担し，各自で関わり方を考えた後，発表し合う。

結果の例 KIDS タイプB「しつけ」の項目「衣服の脱着を自分でしたがる」

発達課題	関わり
衣服の脱着を自分でしたがる	①大人が子どもの衣服の着脱を手伝いながら，着脱が完成すると，「できた」と言ってよろこぶ。 ②大人が子どもの衣服の着脱を手伝いながら，最後の部分を子どもに手伝わせる。着脱が完成すると，「できた」と言ってよろこぶ。 ③子どもにさせる部分を徐々に増やしていく。

第15章
特別な配慮を要する
子どもの理解と援助

1 節 特別な配慮を要する子ども

　保育を行う上で特別な配慮を要する子どもがいる。ここでいう特別な配慮とは，お集まりやリズム遊びなど集団で活動をしたり，衣服の着脱や食事を摂るなど，子ども個人が自立的な活動をしたりする際に，特に援助が必要なことを指す。保育の中で特別な配慮を要する子どもには，障害がある子どもや，障害の診断を受けていないが「落ち着きがない」「活動の切り替えが難しい」など，集団での活動に難しさをもつ子どもなどがいる。後者の子どもは，保育の現場では「発達が気になる子ども」などと呼ばれることがある。

　また，家庭の経済的な状況（貧困）のために，物の所持や経験が十分に得られないことから，他児と話題や活動が共有できない子どももいる。さらに，保護者や子ども本人が外国にルーツがあり，言葉や文化（生活の仕方や考え方など）の面から配慮が必要なケースもある。

　このように，特別な配慮を要する子どもには，①障害がある子ども，②障害の診断を受けていないが集団での活動に難しさをもつ子ども，③経済的な理由，外国にルーツがある，保護者に問題がある子どもなどがおり，保育者はそれぞれの事情を理解し，援助を行うことになる。

　本章では，このうち①障害がある子ども，②障害の診断を受けていないが，集団での活動に難しさをもつ子どもなど，発達に問題のある子どもの理解と援助について説明をしていく。

 節　発達に問題のある子どもの理解

1——子どもの育ちと発達の三領域

　一般的に子どもは，成長や発達に伴いできること（行動）が増える。そこで，最初に私たちが行動を決定・拡大する過程について考えてみたい（図15-1）。私たちは，まず目や耳から入ってきた情報をもとに「○○があるな」「○○したいな」と考える。そして「いまやってもよいかな」「自分の力でできるかな」というように，周りの様子や，自分のもつ力を確かめてから実現の可能性を判断する。それが大丈夫そうであれば身体を動かして実行する。しかし，実行した結果が良くなければ，考えや判断を修正して再度行う，あるいは次からは行わないということになる。この修正のサイクルを，一般的に試行錯誤という。

　このように，行動を決定する際には，「考える」「判断する」「実行する」という過程がある。一般的に，子どもの発達を評価する際にはこれらを指標とする。なお，考える力は「知的発達」，周囲（環境）との関わりを判断する力は「社会性の発達」，身体を使って実行する力は「運動発達」とも言われる。

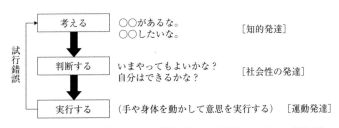

図15-1　行動を決定するまでの過程（前田・小笠原，2009より一部改変）

2——発達検査の理解

　知的発達，社会性の発達，運動発達の各領域（以下，「発達の三領域」または「三領域」とする）の発達の状態や，三領域間の発達のバランスを客観的に評価する方法として「発達検査」がある。発達検査を用いて発達の評価をする際，一般的に「生活年齢」と「発達年齢」という二種類の年齢が使われる。生活年齢とは，私たちが一般的に「年齢」と呼ぶもので，生まれてから実際に経過した年月のことを指す。これに対して発達年齢とは，一般的な発達では何歳位に相当するかを示すものであり，発達検査により算出される。

　この生活年齢と発達年齢を用いて「発達指数」を算出し，子どもの発達状態を評価する。発達指数は，発達年齢を生活年齢で除した（割った）結果に100をかけた数値である。発達年齢が生活年齢と同じであれば，発達指数は100になる。また，発達年齢が生活年齢を超えていれば発達指数は100以上，生活年齢に達していなければ100未満になる。

　発達検査には，子どもに直接行うものや，保護者や保育者など子どもの発達を良く知る人が子どもの様子について質問に答えるものなどがある。一般的に幼児では後者の質問に答える検査を用いることが多い。その代表的な検査には「遠城寺式乳幼児分析的発達検査」や「乳幼児発達スケール（KIDS）」などがある。なお，これらの検査の内容等は１つめの推薦図書で詳しく説明されている。

 |節| 発達に問題のある子どもへの援助

1——発達の問題の見方

　生活年齢と発達年齢がおおむね揃っている一般的な状態を「定型発達」と呼ぶことがある。一方，発達検査の結果，発達年齢が生活年齢に大きく達していない場合や，三領域間で発達のバランスに大きな偏りが見られる場合には，発達上の問題が疑われる。発達上の問題は一般的に「発達の遅れ」と「発達の偏り」の視点から評価される。

発達の遅れとは、ある行動の発現が期待される一般的な時期（年齢）になっても、それが発現しないことを指す。言い換えれば「皆ができる行動が、皆ができる時期になってもできない」ということである。厚生労働省の調査では、多くの子どもは1歳5か月頃までに歩き始めるが、その時期を大きく越えても歩かない場合には、運動発達（歩行）の遅れを疑うことになる。

これに対して発達の偏りとは、三領域間で発達の差が大きいことを指す。自閉症スペクトラム障害の特徴をもつ子どもでは、知的発達や運動発達には問題がないが、人の気持ちを読み取ることや話題を共有すること（社会性の発達）が苦手な場合がある、といったことである。また、同じ発達領域の中で「できること」と「できないこと」の差が大きい状態を指すこともある。たとえば、日常生活において目で見て理解することは得意だが、聞いて理解することは苦手であるといった具合である。

2——発達の遅れへの援助

発達に遅れが見られる子どもの場合、レベルが合わないために同年齢の子どもと同じ活動ができないことがある。このような場合、できるレベルで活動ができるよう配慮をすること、すなわち、発達（年齢）に合わせた環境構成と援助をすることが必要になる。

発達（年齢）に合わせた援助とは、「より分かりやすくする」ということであるが、その方法としては指示や教示、やり方の「量を減らす」ことや「具体的にする」ことなどが考えられる。

量を減らすとは、一度にやる量や行動の工程を減らすということである。仮に、昼食後の片づけを考えてみよう。片づけと一言でいっても、実際は「弁当箱のふたをしめる」→「弁当箱にゴムバンドをかける」→「箸を箸箱にしまう」→「弁当箱と箸箱を弁当袋にしまう」など、いくつかの工程がある。また、弁当箱のふたをしめる際も、片手で弁当箱の本体をおさえて、反対の手でふたをかぶせるという工程がある。発達に遅れがある子どもは、一度にできる量が限られるので、保育者がそれぞれの工程の一部を補助することで行動が完成するよう配慮することができる。たとえば、「弁当箱のふたをしめる」であれば、保育者が弁当箱の本体をもち、子どもがふたをかぶせるといったことである。

子ども自身が行う工程を少しずつ増やしながら，繰り返し体験することで，行動の習慣化と自立を図っていく。

　指示や教示を具体的にする方法としては，「目で見てわかりやすくする」「具体的に動きを指示する」などが考えられる。たとえば，ブロックを片づける際，「ブロックをしまってね」という声かけをより具体的にするにはどのような工夫ができるだろうか。この場合には，ブロックの箱を子どもの前に置いて，「この箱に入れるよ」などと教示することができる。「片付ける」を「目の前の箱に入れる」という具体的な動きで示したということである。

3──発達の偏りへの援助

　発達に偏りがある子どもに対しては，できることや得意なことに注目をし，それを効果的に使うあるいは伸ばすことで，生活をより円滑にするという援助が考えられる。

　たとえば，昆虫や恐竜など特定のことにとても詳しく，保育者など大人に説明ができる反面，同年代の子どもと関わることは苦手という子どもがいる。知的な能力の高さと対人関係を築く力（社会性の発達）との間に差がある例である。この場合，保育者はその子どもの興味や関心に共感し，話を聞いたり応答したりすることで，まず，大人との間でやりとりをする経験を育んでいく。そして，その子どもがもつ特定の物事への知識の高さを他の子どもと共有し，子どもどうしでやりとりをするきっかけを作るという援助ができる。

　また，他の例として，文字や数字，マークなどの理解が高い一方で，保育者の言葉による指示がうまく伝わらない子どもがいる。このような子どもでは，目で見たことの理解は得意だが，言葉で聞くことの理解は苦手なことがある。このような場合，絵カードや写真あるいは文字など，目で見てわかる形で伝える援助をすることで，子どもの理解が進むことがある。

4──個別の支援計画

　発達に遅れや偏りのある子どもなど，特別な配慮を要する子どもに対しては，保育や幼児教育の場だけでなく，医療・保健機関，相談機関等（以下，関係機関とする）とも連携を取りながら発達支援を行うことがある。その際，支援に

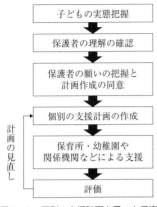

図15-2 個別の支援計画を用いた保育
（前田，2019より一部改変）

関わる人々が子どもの情報や支援の方針等を共有するために，子どもそれぞれに合わせた支援計画を作成することがある。これを「個別の支援計画」という。ここでは，個別の支援計画を用いた保育（図15-2）について説明をする。

（1）子どもの実態把握

個別の支援計画の作成にあたり，まず子どもの実態を把握する。実態とは，発達の状態，園で見られる様子や生活の困難さなどである。また，関係機関を利用している場合は，そこから得られる情報も併せて記録する。

（2）保護者の理解の確認

支援計画には保護者の思いが反映されることが大切である。保護者が子どもの様子や生活の困難さをどう理解しているかを確認することも必要になる。

（3）保護者の願いの把握と計画作成の同意

保護者が，子どもの現在の様子や生活の困難さをどう変えたいのか，また，子どもをどう育てていきたいのかという願いを把握する。また，個別の支援計画を作成することについて保護者から同意を得る。

（4）個別の支援計画の作成

就学までの支援の方針を立て計画を作成する。作成の際は，保育所・幼稚園・関係機関それぞれの役割や連携，福祉サービス等の利用についても考慮する。

（5）保育所・幼稚園や関係機関などによる支援

個別の支援計画をもとに，園での保育（指導）の進め方について「個別の指導計画」を作成し，実施する。

（6）評価

実施している支援や保育の進捗状況や効果を，一定期間ごとに確認・評価する。計画どおりに進んでいない場合や，新しい課題や問題が生起した場合などには，必要に応じて計画の見直しを行う。

　なお，特別な配慮を要する子どもへの個別の指導計画作成の必要性は，保育所保育指針，幼稚園教育要領，幼保連携型認定こども園保育・教育要領にも示されている。また，個別の指導計画に関する説明と具体的な作成については，1つめの推薦図書に記載があるので，学習を深めたい人はそちらを確認してほしい。

Book 推薦図書────────────────────────────

● 『実践に生かす障害児保育・特別支援教育』前田泰弘　萌文書林
● 『発達障がい児の育成・支援とムーブメント教育』小林芳文・飯村敦子・大橋さつき　大修館書店
● 『育てにくい子にはわけがある―感覚統合が教えてくれたもの』木村順　大月書店

演習1　発達検査の経験を通して配慮を要する子どもを理解する方法を学ぶ

目的 母親記入式の発達検査をある年齢を想定してつけてみる中で，発達に対する検査の長所と短所を理解する。

方法 ①材料　KIDS乳幼児発達スケールのタイプC。②手続き　2人1組になり，1人が特定の年齢を想定した子どもあるいは保護者の役になる。もう1人が検査者として，検査を実施する。その後役割を交代する。

結果の例 4歳0か月の子どもを想定して母親役の学生がつけたプロフィールの例

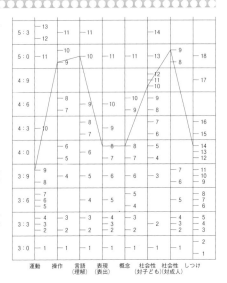

演習2　応用行動分析に基づく援助を学ぶ

目的 障がいを持つ乳幼児に対して基本的生活習慣を獲得させるために行う援助の方法について理解する。

方法 ①材料　ムーブメント教育・療法による発達支援ステップガイド（小林，2006）あるいはポーテージ式早期教育プログラム活動カード（山口，2015）など。②手続き　基本的生活習慣の獲得に関して，保護者に説明することを想定して，配布資料を作成する。作成した資料をグループで共有し，それぞれのよい部分を指摘し合う。

結果の例 ポーテージ式のカード「身辺自立22　靴を脱ぐ」より

①初めは，子どもがふだんはいているものより，少し大きいくつを使いましょう。
②靴をつま先だけはかせ，そこから脱ぐように促します。次に，少しずつ深くはかせてから脱ぐ練習をします。最後は全部はいたところから脱げるようにしていきます。
③大人や人形の靴脱ぎを手伝わせてください。
④玄関や椅子などに腰をかけた状態で脱ぐ練習もしましょう。

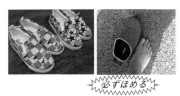

必ずほめる

第16章

発達の連続性と就学への支援

1 節　就学に向けた子ども理解

1——発達の連続性と子ども理解

　はじめに，本書の最後になぜこのタイトルの章があるのかを考えよう。幼児期には発達の連続性を踏まえた保育，すなわち子どものこれまでの経験や今の状態を踏まえて，その上に積み重ねる経験や次の状態を見通した保育が求められる。このことは，本書で学んできたとおりである。子どものこれまでの経験や今の状態の理解の上に保育を展開することの必要性については1章や2章で学んだ。また，子どもを理解する視点を3〜9章，そして子ども理解するための方法を10〜13章，さらに14章からは子ども理解の活用について学んできている。

　しかしながら，発達の連続性は幼児期だけではない。児童期も連続的に発達する。幼児理解に基づく保育が求められているように，児童理解に基づく授業が求められている。このような授業は，前回ここまで教えたので，次はこれを教えるというものではない。これまでにこのような経験や学びをしてきており，このような資質・能力が身に付きつつある。そこで次はその経験や学びにこれを付け加えるために，今日の授業を展開しようというものである。

　さらに，就学という移行期も連続的に発達する。移行期については9章に詳述されているが，就学は環境の変化が特に大きい。例えば，就学前は自発的な活動としての遊びを通した，無意図的な学びを行うが，就学後は学級内での一斉授業を通した，意図的な学びが中心になる。そこで，保護者とともに保育者，小学校教員も注意が必要である。次に，就学前の子ども理解の特徴について学ぶ。

2──就学前の子ども理解の特徴と引き継ぎの必要性

　これまで学んできたのは，日常の保育のための子ども理解であった。本書の1～15章を振り返ると，それは明らかであろう。これに対して就学前は，就学後に小学校教員が理解できるようにするために，子どもの育ちを支え，引き継ぐための子ども理解が加わる。

　幼稚園や幼保連携型認定こども園では，進級時，すなわち学年が変わる時にも要録の形で文書による引き継ぎが行われている。しかし引き継ぐ相手は，多くの場合，同じ園内の同僚であった。いつでも尋ねたり，情報を交換したりすることが可能である。これに対して，就学を経ると，引き継ぐ相手は小学校の教員である。全く別の学校に属しており，顔を合わせる機会はほとんど無く，情報交換もできない。

　保育所保育指針の「第2章　保育の内容　4　保育の実施に関して留意する事項　（2）小学校との連携」には次の記述がある。

> ア　保育所においては，保育所保育が，小学校以降の生活や学習の基盤の育成につながることに配慮し，幼児期にふさわしい生活を通じて，創造的な思考や主体的な生活態度などの基礎を培うようにすること。
> イ　保育所保育において育まれた資質・能力を踏まえ，小学校教育が円滑に行われるよう，小学校教師との意見交換や合同の研究の機会などを設け，第1章の4の（2）に示す「幼児期の終わりまでに育って欲しい姿」を共有するなど連携を図り，保育所保育と小学校教育との円滑な接続を図るよう努めること。
> ウ　子どもに関する情報共有に関して，保育所に入所している子どもの就学に際し，市町村の支援の下に，子どもの育ちを支えるための資料が保育所から小学校へ送付されるようにすること。

　このうち，「子どもの育ちを支えるための資料」が引き継ぎに使われるものである。では，実際には，何をどのように伝えれば良いのか。これについて2節，3節で学んでいこう。

2 節　小学校に何を伝えるのか

1──小学校学習指導要領の記述

小学校学習指導要領の「1．総則（1）幼児期の教育との接続及び低学年における教育全体の充実　第1章第2の4の（1）」には，幼小接続について以下のような記載がある。

> 幼児期の終わりまでに育ってほしい姿を踏まえた指導を工夫することにより，幼稚園教育要領等に基づく幼児期の教育を通して育まれた資質・能力を踏まえて教育活動を実施し，児童が主体的に自己を発揮しながら学びに向かうことが可能となるようにすること。
>
> また，低学年における教育全体において，例えば生活科において育成する自立し生活を豊かにしていくための資質・能力が，他教科等の学習においても生かされるようにするなど，教科等間の関連を積極的に図り，幼児期の教育及び中学年以降の教育との円滑な接続が図られるよう工夫すること。特に，小学校入学当初においては，幼児期において自発的な活動としての遊びを通して育まれてきたことが，各教科等における学習に円滑に接続されるよう，生活科を中心に，合科的・関連的な指導や弾力的な時間割の設定など，指導の工夫や指導計画の作成を行うこと。

「幼児期の終わりまでに育ってほしい姿」は，幼稚園や保育所等において総合的な活動に熱中する中で育つ子どもの姿である。まず一人ひとり異なる子どもの姿を知り，それまでの経験や子ども自身の興味関心を理解する。そのうえで，生活科を中心として，子どもの発達やそれまでの生活様式を踏まえつつ，少しずつ小学校での生活を理解し慣れることができるようにスタートカリキュラム等により指導する。このようなことが小学校では求められているのである。

2──保育所保育指針等の記述

保育所保育指針の「第1章　総則　4　幼児教育を行う施設として共有すべき事項　（2）幼児期の終わりまでに育ってほしい姿」には，「次に示す「幼児期の終わりまでに育ってほしい姿」は，第2章に示すねらい及び内容に基づく保育活動全体を通して資質・能力が育まれている子どもの小学校就学時の具体的な姿であり，保育士等が指導を行う際に考慮するものである」として，次の

10の姿が書かれている。ア　健康な心と体，イ　自立心，ウ　協同性，エ　道徳性・規範意識の芽生え，オ　社会生活との関わり，カ　思考力の芽生え，キ　自然との関わり・生命尊重，ク　数量や図形，標識や文字などへの関心・感覚，ケ　言葉による伝え合い，コ　豊かな感性と表現。幼稚園教育要領や幼保連携型認定こども園教育・保育要領にもほぼ同様の記述がある。

　これらの10の姿と小学校との教科との関係を示したものが図16-1である。10の姿はすべての教科の基盤に位置づけられているが，主に生活科の内容につながるイメージである。

3 節　小学校にどのように伝えるのか

　保育・幼児教育のなかでの子ども一人ひとりの育ちの実態を小学校へと引き継ぐことは，幼小接続の重要な取り組みの一つである。保育所は「保育所児童保育要録」，幼稚園では「幼稚園幼児指導要録」，幼保連携型認定こども園「幼保連携型認定こども園園児指導要録」と名称は異なるが，ほぼ同様の内容を小学校に引き継ぐことになっている。

　保育所児童保育要録では，「入所に関する記録」と「保育に関する記録」に分けられている。「入所に関する記録」には次の6つの情報を記載する。すなわち「1．児童名，性別，生年月日及び現住所」「2．保育所名及び所在地」「3．児童の保育期間（入所及び卒所年月日）」「4．児童の就学先（小学校名）」「5．保育所名及び所在地」「6．施設長及び担当保育士名」を記載する。

　「保育に関する記録」の様式例を示したものが，図16-2である。「保育の展開と子どもの育ち」の欄には，最終年度の1年間の保育における指導の過程と子どもの発達の姿を，保育所の生活を通して全体的，総合的に捉えて記入することになっている。また，その際，「幼児期の終わりまでに育ってほしい姿」を活用して子どもに育まれている資質・能力を捉え，指導の過程と育ちつつある姿をわかりやすく記入するように留意することとされている。

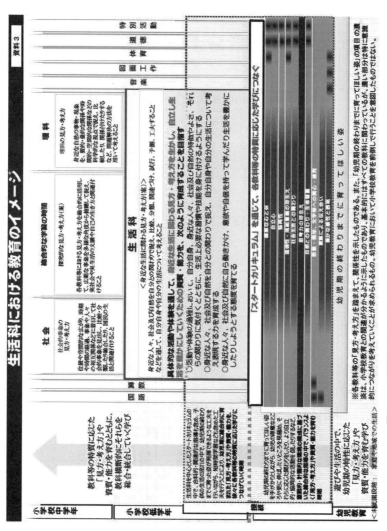

図16-1　幼児期の終わりまでに育ってほしい姿と小学校の教科との関係
（中央教育審議会初等中等教育課程部会教育部会幼児教育部会、2016）

4 節　保育者に求められること＝10の姿の理解し，記録に取ること

　10の姿の理解し，記録に取ることは，４つのステップを踏むとできるようになる。先ずは10の姿にはどのようなものがあるか，項目をすべて覚えてしまお

（様式の参考例）

保育所児童保育要録（保育に関する記録）

本資料は、就学に際して保育所と小学校（義務教育学校の前期課程及び特別支援学校の小学部を含む。）が子どもに関する情報を共有し、子どもの育ちを支えるための資料である。

ふりがな 氏名		保育の過程と子どもの育ちに関する事項	最終年度に至るまでの育ちに関する事項
		（最終年度の重点）	
生年 月日	年　月　日		
性別		（個人の重点）	
ねらい （発達を捉える視点）		（保育の展開と子どもの育ち）	
健康	明るく伸び伸びと行動し、充実感を味わう。		
	自分の体を十分に動かし、進んで運動しようとする。		
	健康、安全な生活に必要な習慣や態度を身に付け、見通しをもって行動する。		
人間関係	保育所の生活を楽しみ、自分の力で行動することの充実感を味わう。		
	身近な人と親しみ、関わりを深め、工夫したり、協力したりして一緒に活動する楽しさを味わい、愛情や信頼感をもつ。		
	社会生活における望ましい習慣や態度を身に付ける。		
環境	身近な環境に親しみ、自然と触れ合う中で様々な事象に興味や関心をもつ。		
	身近な環境に自分から関わり、発見を楽しんだり、考えたりし、それを生活に取り入れようとする。		
	身近な事象を見たり、考えたり、扱ったりする中で、物の性質や数量、文字などに対する感覚を豊かにする。		
言葉	自分の気持ちを言葉で表現する楽しさを味わう。		
	人の言葉や話などをよく聞き、自分の経験したことや考えたことを話し、伝え合う喜びを味わう。		
	日常生活に必要な言葉が分かるようになるとともに、絵本や物語などに親しみ、言葉に対する感覚を豊かにし、保育士等や友達と心を通わせる。		
表現	いろいろなものの美しさなどに対する豊かな感性をもつ。		
	感じたことや考えたことを自分なりに表現して楽しむ。	（特に配慮すべき事項）	
	生活の中でイメージを豊かにし、様々な表現を楽しむ。		

幼児期の終わりまでに育ってほしい姿

※各項目の内容等については、別紙に示す「幼児期の終わりまでに育ってほしい姿について」を参照すること。

幼児期の終わりまでに育ってほしい姿
健康な心と体
自立心
協同性
道徳性・規範意識の芽生え
社会生活との関わり
思考力の芽生え
自然との関わり・生命尊重
数量や図形、標識や文字などへの関心・感覚
言葉による伝え合い
豊かな感性と表現

図16-2　保育所児童保育要録の様式例

う。「ア　健康な心と体，イ　自立心，ウ　協同性，エ　道徳性・規範意識の芽生え，オ　社会生活との関わり，カ　思考力の芽生え，キ　自然との関わり・生命尊重，ク　数量や図形，標識や文字などへの関心・感覚，ケ　言葉による伝え合い，コ　豊かな感性と表現」の10項目である（図16-2参照）。

　次にそれぞれの内容がどのようなものかを理解しよう。例えば，自立心は，基本的生活習慣が身につく，いわゆる自立ではない。「身近な環境に主体的に関わり様々な活動を楽しむ中で，しなければならないことを自覚し，自分の力で行うために考えたり，工夫したりしながら，諦めずにやり遂げることで達成感を味わい，自信をもって行動するようになる」ことである。これは保育所保育指針などの告示文として書かれている内容である。告示文（法令）なので短く書かれているが，保育所保育指針解説などにはもう少し詳しい情報がある。

　3番目はそれぞれの姿を子どもの自発的な活動の中に見つけることである。例えば，空き箱を積んでどちらが高く詰めるかをクラスで競い合う遊び（大豆宇田・中坪，2016）がある。この遊びで，一度負けたクラスは，横幅の大きな箱を作って土台部分に置いたり，長い竹の棒を箱に通すなど，クラスでお互いにアイディアを出し合い，試行錯誤を繰り返す。この活動の中では，一人ひとりの子どもが，自分がしなければならないことを自覚している。考えてアイディアを出したり，工夫したりしている。諦めずに試行錯誤を繰り返している。自立心の多くの要素を見ることができる。

　最後は，見つけた姿を記録に取る練習である。記録は練習すればうまく書けるようになる。推薦図書に示したハンドブックを参考に，書いてみて，他の人に見てもらおう。正確に伝わるように書けているだろうか。その時，その場に居なかった人に見てもらうのも良い。小学校教員は保育の場にいないのだから。

📖 推薦図書

● 『わかりやすい！　平成30年度改定　幼稚園・保育所・認定こども園「要録」記入ハンドブック』　神長美津子・塩谷香　ぎょうせい

● 『10の姿で伝える！　要録ハンドブック—保育所児童保育要録　幼稚園幼児指導要録　幼保連携型認定こども園園児指導要録』　大方美香（監修）　学研プラス

● 『子どもと保育者でつくる育ちの記録—あそびの中の育ちを可視化する』　北野幸子（監修）日本標準

::
演習１　幼稚園・保育所・小学校の連携の実態を調べる
::

目的 幼稚園教育要領や保育所保育指針，幼保連携型認定こども園教育・保育
要領と小学校学習指導要領との関係を理解する。また様々な形で行われている
連携の実際を知る。

方法 ①材料　幼稚園教育要領，保育所保育指針，小学校学習指導要領。イン
ターネット。②手続き　幼稚園教育要領や保育所保育指針の５つの領域に記述
されているそれぞれの「ねらい」や「内容」が，小学校学習指導要領の低学年
の教科の目標と，どのようにつながるのかを遊びを想定して結びつける。また，
インターネットで「幼稚園」「保育所」「小学校」「連携」をキーワードに検索
し，連携の事例を調べて発表し合う。

結果の例　要領・指針の「内容」と学習指導要領の「目標」の対応づけ

様式・指針等の［内容］	小学校学習指導要領の［目標］
自然に触れて生活し，その大きさ，美しさ，不思議さなどに気づく（「環境」領域の内容①） 遊びは「どんぐり集め」を想定	国語(1)経験したことを順序立てて話す。／算数(1)どんぐりの数を数える。(2)どんぐりの大きさを比べる。(3)どんぐりの形を比べる。／生活(1)どんぐりがたくさん落ちている公園の場所を知る。(2)集めたどんぐりで遊ぶ。(3)どんぐり集めについて話し合う。音楽／図画工作

::
演習２　要録の記述と10の姿の関係を学ぶ
::

目的 要録等に記載されている表現と10の姿との関係を学ぶ中で，「幼児期の
終わりまでに育ってほしい姿」を意識した要録を書く力を養う。

方法 ①材料　要録等の記載例が示されている書籍（第11章の演習参照）。下
のような様式。②手続き　２人１組になり，それぞれ記載例を様式の左に書き
写し，用紙を交換し，想定される姿を右に書いてみる。書籍に戻り，書籍の執
筆者の想定と比べる。表現方法について話し合う。

結果の例

記載例	想定される10の姿
	健康な心と体，自立心・・・

引用（参考）文献

■第1章
林恵　2017　第15章障害児保育の記録と評価　野田敦史・林恵（編著）　演習・保育と障害のある子ども　みらい
市川奈緒子・五十嵐元子・利根川彰博　2017　子ども理解に見る保育者の専門性—保育者の語りによる構造化—　白梅学園大学・短期大学　教育・福祉研究センター研究年報，22，3-19.
五十嵐元子　2017　「気になる子」に関する肯定的な場面のアセスメント—保育者によるエピソード記述を通して—　帝京短期大学紀要，19，57-66.
五十嵐元子・市川奈緒子・利根川彰博　2018　保育者の『子ども理解』の構造とその更新プロセスの分析　日本保育学会第71回大会論文集，940.
神田英雄　1997　0歳から3歳　保育・子育てと発達研究をむすぶ〈乳児編〉　全国保育団体連絡会
厚生労働省　2018　保育所保育指針解説
文部科学省　2019　幼児理解に基づいた評価　チャイルド本社
内閣府・文部科学省・厚生労働省　2017　平成29年告示　幼稚園教育要領　保育所保育指針　幼保連携型認定こども園教育・保育要領〈原本〉　チャイルド本社
岡田たつみ・中坪史典　2008　幼児理解のプロセス—同僚保育者がもたらす情報に注目して—　保育学研究，46（2），169-178.
岡上直子　2019　第1章幼稚園教育と幼児理解　神長美津子・岩立京子・岡上直子・結城孝治（編著）　幼児理解の理論と方法　光生館　pp.8-18.
山田真世　2019　4歳児　心理科学研究会（編）　新・育ちあう乳幼児心理学—保育実践と共に未来へ—　有斐閣　pp.165-184.

■第2章
川原佐公（監修・編著）　2019　これなら書ける！　2歳児の指導計画：2018年度施行指針・要領対応！＆たっぷり充実の個人案・文例　ひかりのくに
無藤隆　2013　幼児教育のデザイン　保育の生態学　東京大学出版会
内閣府　こども指針（仮称）ワーキングチーム　第3回会合　2010年12月13日配付資料　資料1　教育・保育の定義について　補足資料（案）
　　https://www8.cao.go.jp/shoushi/shinseido/meeting/review/wg/shishin/k_3/index.html（2020年2月29日）
4歳児研究グループ　2020　4歳児の年の計画　神長美津子（監修）月刊保育とカリキュラム2020年4月号特別付録　幼稚園教育要領，保育所保育指針，幼保連携型認定こども園教育・保育要領に配慮した指導計画の基本的な考え方と年齢別年の計画　ひかりのくに　p.28

■第3章
刑部育子　1998　「ちょっと気になる子ども」の集団への参加過程に関する関係論的分析　発達心理学研究，9，1-11.
石田淳　2008　おかあさん☆おとうさんのための行動科学　フォレスト出版
河合伊六　1987　子どもを伸ばす行動マネジメント—新しい子育ての提言—　北大路書房
厚生労働省　2017　保育所保育指針
文部科学省　2017　幼稚園教育要領
佐伯胖　2014　幼児教育へのいざない—円熟した保育者になるために—　増補改訂版　東京大学出版会
佐藤正二（編）　2015　実践！ソーシャルスキル教育—幼稚園・保育園—　図書文化社
杉山尚子　2005　行動分析学入門—ヒトの行動の思いがけない理由—　集英社

■第4章
Bowlby, J. 1969 *Attachment and loss*, Vol. 1 Attachment. London: Tavistock Institute of Human Relations.　黒田実郎・大羽蓁・岡田洋子・黒田聖一（訳）1976　母子関係の理論　I　愛着行動　岩崎学術出版社
Bowlby, J. 1979 *The making & breaking of affectional bonds*. London: Tavistock Publicaitons Limited.　作田勉（訳）1981　母子関係入門　星和書店

Bowlby, J. 1988 *A secure base Clinical applications of attachment theory.* London: Routledge. 二木武（監訳）
1993 母と子のアタッチメント 心の安全基地 医歯薬出版
文部科学省 2017 幼稚園教育要領

【参考文献】
Winnicott, D. W./ 猪股丈二（訳） 1985 あかちゃんはなぜなくの—ウィニコット博士の育児講義— 星和書店

■第5章

Ellis, S., Rogoff, B., & Cromer, C. C. 1981 Age segregation in children's social interactions. *Developmental Psychology*, 17, 399-407.
子安増生・郷式徹（編） 2016 心の理論—第2世代の研究へ— 新曜社
森野美央 2009 子ども達が輝くとき—附属幼稚園での3年間を追って見えてきたこと— 平成21年度尚絅公開講座講義録 人間探求：今を輝くために, 4-14.
内藤美加（2007） 心の理論研究の現状と今後の展望 平木典子・稲垣佳世子・斉藤こずゑ・高橋惠子・氏家達夫・湯川良三（編） 児童心理学の進歩 2007年版 金子書房 pp.1-37.
Parten, M. B. 1932 Social participation among pre-school children. *Journal of Abnormal and Social Psychology*, 27, 243-269.
Perner, J., Leekam, S. R., & Wimmer, H. 1987 Three-year-olds' difficulty with false belief: The case for a conceptual deficit. *British Journal of Developmental Psychology*, 5, 125-137.
佐久間路子 2017 なぜ3歳児は誤信念課題に正答できないのか—第2世代の心の理論研究の概観から— 白梅学園大学・短期大学紀要. 53. 1-14.
友定啓子・入江礼子・白石敏行・小原敏郎 2009 子ども同士のトラブルに保育者はどう関わっているか—500枚の保育記録から— コロニー印刷
Wimmer, H., & Perner, J. 1983 Beliefs about beliefs: Representation and constraining function of wrong beliefs in young children's understanding of deception. *Cognition*, 13, 103-128.

【参考文献】
本郷一夫（編） 2007 発達心理学—保育・教育に活かす子どもの理解— 建帛社

■第6章

Crick, N. R., & Grotpeter, J. K. 1995 Relational aggression, gender and social-psychological adjustment. *Child Development*, 66, 710-722.
越中康治（2003） 3，4歳児の関係性攻撃に関する事例研究 日本乳幼児教育学会第13回大会研究発表論文集, 70-71.
Isobe, M., de Filho Carvalho, M. K., & Maeda, K. 2004 Behavioral orientations and peer-contact patterns of relationally aggressive girls. *Psychological Reports*, 94, 327-334.
磯部美良・佐藤正二 2003 幼児の関係性攻撃と社会的スキル 教育心理学研究. 51. 13-21.
前田健一 2001 子どもの仲間関係における社会的地位の持続性 北大路書房

■第7章

Carlson, S. M. 2005 Developmentally sensitive measures of executive function in preschool children. *Developmental Neuropsychology*, 28, 595-616.
Eckerman, D. O., Whaley, J. L. & Kutz, S. L. 1974 Growth of social play with peers during the second year of life. *Developmental Psychology*, 11, 42-49.
Heckman, J. J. 2013 *Giving kids a fair chance.* Massachusetts Institute of Technology Press. 古草秀子（訳）2015 幼児教育の経済学 東洋経済新報社
Ikesako, H. & Miyamoto, K. 2015 *Fostering social and emotional skills through families, schools and communities: Summary of international evidence and implication for Japan's educational practices and research.* OECD. 池迫浩

子・宮本晃司・ベネッセ教育総合研究所（訳）2015　家庭，学校，地域社会における社会情動的スキルの育成—国際的エビデンスのまとめと日本の教育実践・研究に対する示唆—
　　https://berd.benesse.jp/feature/focus/11-OECD/pdf/FSaES_20150827.pdf（2020年8月24日閲覧）
Mischel, W. 2014 The *Marshmallow Test: Mastering self-control*. New York, NY: Little, Brown.
水野里恵　2017　子どもの気質・パーソナリティの発達心理学　金子書房
森口祐介　2018　自己制御研究の現在　本郷一夫（監修）森口祐介（編著）自己制御の発達と支援　金子書房　pp.2-15.
森口祐介　2019　自分をコントロールする力—非認知スキルの心理学　講談社
Muñiz, E. I., Silver, E. J. & Stein, R. E. K. 2014 Family routines and social-emotional school readiness among preschool-age children. *Journal of developmental and behavioral pediatrics*, **35**, 93-99.
OECD 2015 *Skills for Social Progress: The Power of Social and Emotional Skills*. Organization for Economic Co-operation and Development Publishing, Paris. 無藤　隆・秋田喜代美（監訳）2018　社会情動的スキル—学びに向かう力　明石書店
佐久間路子　2006　幼児期から青年期にかけての関係的自己の発達　風間書房
佐藤容子　2006　子どものSSTの実際　佐藤正二・佐藤容子（編）学校におけるSST実践ガイド—子ども対人スキル指導—　金剛出版　pp.41-51.
髙橋雄介・岡田謙介・星野崇宏・安梅勅江　2008　就学前児の社会的スキル—コホート研究による因子構造の安定性と予測的妥当性の検討—　教育心理学研究，**56**，81-92.
友田明美・藤澤玲子　2018　虐待が脳を変える—脳科学者からのメッセージ—　新曜社

■第8章
宮田まり子　2019　園における3歳児積み木場面の検討　風間書房
宮田まり子・淀川裕美　2019　地域における子どもにとって愛着のある場の分析—拡張された園庭としての公園に着目して①—　日本保育学会第72回大会大会要旨集，1299-1300.

演習1
Harms, T., Cryer, D., Clifford, R. M., Yazejian, N. 2017 Infant/toddler environment rating scale, third edition (ITERS-3). 埋橋玲子（訳）2018　新・保育環境評価スケール②〈0・1・2歳〉法律文化社
演習2
Harms, T., Clifford, R. M., Cryer, D. 2015 Early childhood environmental rating scale, third edition. 埋橋玲子（訳）2016　新・保育環境評価スケール①〈3歳以上〉法律文化社

■第9章
稲田素子　2013　移行期　小田豊・山崎晃（編）幼児学用語集　北大路書房　p.218
文部科学省　2010　幼稚園教育指導資料第3集—幼児理解と評価—　pp.14-15.
椋田善之・佐藤真　2011　小学校1年生が捉えた幼稚園と小学校の違いと環境への適応過程に関する研究—修正版グラウンテッド・セオリー・アプローチを用いて—　教育実践学論集，**12**，15-24.
柴坂寿子　2009　幼児にとっての2つの生活の場　無藤隆（編）発達心理学　ミネルヴァ書房　p.191.
津守真　1997　保育者の地平　ミネルヴァ書房　pp.73-76.
横山真貴子・長谷川かおり・竹内範子・堀越紀香　2012　幼稚園の4歳児クラスにおける環境構成と保育者の援助のあり方—新乳児と進級児の環境移行に着目して—　奈良教育大学教育実践開発研究センター研究紀要，**21**，45-54.

【参考文献】
木下光二　2010　育ちと学びをつなげる幼小連携　チャイルド本社
木下光二　2019　遊びと学びをつなぐこれからの保幼小接続カリキュラム—事例でわかるアプローチ＆dスタートカリキュラム—　チャイルド本社
文部科学省　2012　幼児期の教育と小学校教育の円滑な接続の在り方について（報告）
文部科学省　2018　幼稚園教育要領解説

■第10章 ───────────────

【参考文献】

河邉貴子　2005　遊びを中心とした保育─保育記録から読み解く「援助」と「展開」─　萌文書林

河邉貴子　2013　保育記録の機能と役割─保育構想につながる「保育マップ型記録」の提言─　聖公会出版

請川滋大・高橋健介・相馬靖明（編著）　2016　保育におけるドキュメンテーションの活用：新時代の保育1　ななみ書房

■第11章 ───────────────

Bloom, G.S., Hastings, T., Madaus, G. F.　1971　*Handbook on formative and summative evaluation of student learning.* 梶田叡一・渋谷憲一・藤田恵璽（訳）1973　学習評価法ハンドブック　教科学習の形成的評価と総括的評価　第一法規

浜口順子　1999　保育実践研究における省察的理解の過程　津守真・本田和子・松井とし・浜口順子（著）　人間現象としての保育研究1（増補版）光生館　Pp.155-191.

津守真　1980　保育の体験と思索─子どもの世界の探究─　大日本図書

演習1

文部科学省　2019　幼児理解に基づいた評価

演習2

神長美津子・塩谷香（編著）　2018　わかりやすい！平成30年改訂 幼稚園・保育所・認定こども園「要録」記入ハンドブック　ぎょうせい

大方美香（監修）　2018　10の姿で伝える！　要録ハンドブック─保育所児童保育要録　幼稚園幼児指導要録　幼保連携型認定こども園園児指導要録─　学研プラス

■第12章 ───────────────

Harms, T., Clifford, R. M., Cryer, D. 2015 Early childhood environmental rating scale, third edition.　埋橋玲子（訳）2016　新・保育環境評価スケール①〈3歳以上〉　法律文化社

保育プロセスの質　研究プロジェクト　2010　子どもの経験から振り返る保育プロセス─明日のより良い保育のために─　幼児教育映像制作委員会

石田幸美　2013　「エピソード記述」を通しての保育の質の向上の経過　保育所保育実践研究・報告集（日本保育協会保育科学研究所）．7．42-48.

厚生労働省　2020　保育所における自己評価ガイドライン（2020年改訂版）
https://www.mhlw.go.jp/content/000609915.pdf（2020年8月31日閲覧）

鯨岡峻・鯨岡和子　2007　保育のためのエピソード記述入門　ミネルヴァ書房

松山益代　2011　参加型園内研修のすすめ─学び合いの「場づくり」─　ぎょうせい

文部科学省　2013　幼稚園教育指導資料第5集　指導と評価に生かす記録　チャイルド本社

村井とし子　2009　園内公開保育をとおして育ち合う保育者集団を目指す　全国保育士会　第22期主任保育士特別講座修了論文集

成田朋子　2016　子どもは成長する　保育者も成長するⅡ　あいり出版

National Research Council 2000 *How people learn: Brain, mind, Experience, and school.* 森敏昭・秋田喜代美（監訳）2002　授業を変える─認知心理学のさらなる挑戦─　北大路書房

岡花祈一郎・杉村伸一郎・財満由美子・松本信吾・ハヤシよし恵・植松由美子・落合小百合・山本隆春　2009「エピソード記述」による保育実践の省察─保育の質を高めるための実践記録とカンファレンスの検討─　広島大学　学部・附属学校共同研究機構研究紀要．37．229-237.

Siraj, I., Hallet, E. 2013 *Effective and caring leadership in the early years.* California: SAGE Publishing.　秋田喜代美（監訳）2017　育み支え合う　保育リーダーシップ─協同的な学びを生み出すために─　明石書店

鈴木眞廣　2008　保育の実践を他人負けるための試み　ワークブック1　【改訂版】保育園における「子どもの育ちと学びの分かち合い」への招き　全国市立保育園連盟

砂上史子（編著）　2017　保育現場の人間関係対処法　中央法規

富田昌平　2014　2歳児クラスにおける保育者相互の対話を通した保育計画づくりと実践のふりかえり　三重大学教育学部附属教育実践総合センター紀要，**34**，37-42.
當銀玲子　2017　職員との関係におけるストレスとその対処法　砂上史子（編著）保育現場の人間関係対処法　中央法規　pp.29-43.

■第13章─────────────────
伊藤優　2019　子ども理解のための保護者との情報共有　児童育成協会（監修）清水益治・森俊之（編）子どもの理解と援助　中央法規
丸目満弓　2017　乳児保育における保護者支援研究（1）―連絡帳の記述文字数及び保育士―保護者間の応答率の分析―　大阪総合保育大学紀要，**12**，73-84.
鶴宏史・中谷奈津子・関川芳孝　2017　保育所を利用する保護者が保育士に悩みを相談する条件―保護者へのインタビューを通して―　教育学研究論集，**12**，31-38.

■第14章─────────────────
赤澤淳子　2010　学ぶとは　坂原明（編）保育のための教育心理学―学ぶよろこび知る楽しさを育てる―（第2版）おうふう
Havighurst, R., J. 1953 *Human development and education.* New York: Longmans, Green & Co., INC.　荘司雅子（監訳）沖原豊・岸本幸次郎・田代高英・清水慶秀（訳）1995　人間の発達課題と教育　玉川大学出版部
河原紀子（監修）2018　0歳～6歳子どもの発達と保育の本　第2版　学研プラス
厚生労働省　2018　保育所保育指針解説　フレーベル館
三宅和夫（監修）1991　KIDS乳幼児発達スケール　発達科学研究教育センター
田代高英　2005　乳幼児期の発達課題と保育（総説）保育学研究，**43**，8-11.
津守真　2005　乳幼児期の発達課題と保育　保育学研究，**43**，12-18.
津守真・稲毛教子　1961　乳幼児精神発達診断法―0歳から3歳まで―　大日本図書
内田伸子・江尻桂子　2008　大人は子どもの安全をどう守るか―幼児の安全教育の可能性を探る―　内田伸子（編）よくわかる乳幼児心理学　ミネルヴァ書房　pp.196-197.
Vygotsky, L. S. 1978 *Mind in society: The development of higher psychological processes.* Cambridge, MA: Harvard University Press.
湯汲英史　2015　0歳～6歳子どもの社会性の発達と保育の本　学研プラス

■第15章─────────────────
前田泰弘，2019　実践に生かす障害児保育・特別支援教育　萌文書林　p.212.
前田泰弘・小笠原明子　2009　身体感覚の改善を基盤とした発達が気になる幼児の「育ち」の支援　乳幼児教育学研究，**18**，19-29.

演習2
小林芳文　2006　ムーブメント教育・療法による発達支援ステップガイド　日本文化科学社
山口薫（監修）日本ポーテージ協会　2005　ポーテージ式早期教育プログラム

■第16章─────────────────
大豆生田啓友・中坪史典　2016　映像で見る　主体的な遊びで育つ子ども―あそんでぼくらは人間になる―エイデル研究所
中央教育審議会　初等中等教育部会　教育課程部会　幼児教育部会　2016　幼児教育部会における審議の取りまとめ
https://www.mext.go.jp/b_menu/shingi/chukyo/chukyo3/057/sonota/__icsFiles/afieldfile/2016/09/12/1377007_01_4.pdf（2020年9月10日閲覧）

索　引

執筆者一覧

■**編集委員**──民秋　言（白梅学園大学名誉教授）

　　　　　　　小田　豊（聖徳大学）

　　　　　　　栃尾　勲

　　　　　　　無藤　隆（白梅学園大学名誉教授）

　　　　　　　矢藤誠慈郎（和洋女子大学）

■**編　　者**──清水益治・無藤　隆

【執筆者】(執筆順)

五十嵐元子（帝京短期大学）	Ⅰ部第1章
清水　益治（編者）	Ⅰ部第2章，Ⅲ部第12章，演習
金山　元春（天理大学）	Ⅱ部第3章
和田　美香（東京家政学院大学）	Ⅱ部第4章
森野　美央（長崎大学）	Ⅱ部第5章
越中　康治（宮城教育大学）	Ⅱ部第6章
大内　晶子（常磐短期大学）	Ⅱ部第7章
宮田まり子（白梅学園大学）	Ⅱ部第8章
木下　光二（鳴門教育大学）	Ⅱ部第9章
中村　章啓（社会福祉法人　柿ノ木会　野中こども園）	Ⅲ部第10章
瀧川　光治（大阪総合保育大学）	Ⅲ部第11章
鶴　　宏史（武庫川女子大学）	Ⅲ部第13章
佐久間路子（白梅学園大学）	Ⅳ部第14章
前田　泰弘（長野県立大学）	Ⅳ部第15章
松嵜　洋子（千葉大学）	Ⅳ部第16章

編者紹介

清水益治（しみず・ますはる）
　　1962年　大阪府に生まれる
　　2001年　広島大学大学院教育学研究科博士（後期）課程修了　博士（教育学）
　　現　在　帝塚山大学教育学部教授
〈主　著〉認知心理学を語る3　おもしろ思考のラボラトリー（共著）　北大路書房　2001年
　　　　　図形の大きさの比較判断に関する発達心理学研究　風間書房　2002年
　　　　　保育の心理学Ⅱ（共編著）（新保育ライブラリ）北大路書房　2011年
　　　　　0歳〜12歳児の発達と学び—保幼小の連携と接続に向けて（共編著）　北大路書
　　　　　房　2013年
　　　　　21世紀の学びを創る—学習開発学の展開（共編著）北大路書房　2015年
　　　　　最新 保育士養成講座 第6巻 子どもの発達理解と援助（共編著）　全国社会福
　　　　　祉協議会　2020年

無藤　隆（むとう・たかし）
　　1946年　東京都に生まれる
　　1977年　東京大学教育学研究科博士課程中退
　　　　　　お茶の水女子大学生活科学部教授を経て，白梅学園大学子ども学部教授
　　現　在　白梅学園大学名誉教授
〈主　著〉知的好奇心を育てる保育　フレーベル館　2001年
　　　　　学校のリ・デザイン　東洋館出版社　2001年
　　　　　職場と学問のふれあうところ　新曜社　2007年
　　　　　保育実践のフィールド心理学（新 保育ライブラリ）（共編著）北大路書房　2009年
　　　　　幼児教育の原則　ミネルヴァ書房　2009年
　　　　　むすんでみよう 子どもと自然（共編著）北大路書房　2010年
　　　　　幼児教育のデザイン—保育の生態学　東京大学出版会　2013年
　　　　　社会情動的スキルを育む「保育内容 人間関係」—乳幼児期から小学校へつなぐ
　　　　　　非認知能力とは（実践事例から学ぶ保育内容）（共編著）北大路書房　2016年
　　　　　10の姿プラス3・実践解説書—幼児期の終わりまでに育ってほしい10の姿」をカ
　　　　　　ラー写真いっぱいの実践事例で 見える化！（編著）ひかりのくに　2018年

新 保育ライブラリ　子どもを知る

子どもの理解と援助

2021年1月10日　初版第1刷印刷
2021年1月20日　初版第1刷発行

定価はカバーに表示
してあります。

編　著　者　　清　水　益　治
　　　　　　　無　藤　　　隆
発　行　所　　㈱北大路書房
〒 603-8303　京都市北区紫野十二坊町 12-8
　　　　　電　話（075）4 3 1 - 0 3 6 1㈹
　　　　　Ｆ Ａ Ｘ（075）4 3 1 - 9 3 9 3
　　　　　振　替 0 1 0 5 0 - 4 - 2 0 8 3

©2021　　　　　　　　　印刷・製本／亜細亜印刷㈱
検印省略　落丁・乱丁本はお取り替えいたします。
　　ISBN978-4-7628-3138-6　　　Printed in Japan

新 保育ライブラリ

子どもを知る／保育の内容・方法を知る／保育・福祉を知る／保育の現場を知る

■編集委員■ 民秋 言・小田 豊・栃尾 勲・無藤 隆・矢藤誠慈郎

A5 判・160 〜 220 頁・本体価格 1800 〜 2000 円

平成 29 年告示「幼稚園教育要領」「保育所保育指針」「幼保連携型認定こども園教育・保育要領」対応

子どもを知る
子どもの保健

加藤則子・布施晴美 編著
A5 判・180 頁・本体価格 1900 円

子どもの心身の健康を守る為の保健活動の意義，健康状態の把握と病の予防・対応等，医学や看護の知識・技術をわかりやすく解説。

子どもを知る
子どもの食と栄養 [新版]

二見大介・齋藤麗子 編著
A5 判・212 頁・本体価格 1800 円

2020 年版食事摂取基準や 2019 年改訂版授乳・離乳の支援ガイドにも対応。子どもの食と栄養の体系的理解と実践化に向けて。

子どもを知る
子どもの理解と援助

清水益治・無藤 隆 編著
A5 判・164 頁・本体価格 1800 円

新保育士養成課程，教職課程コアカリ「幼児理解の理論及び方法」に対応。子ども理解の視点・方法と援助のあり方を解説。

保育・福祉を知る
保育者論 [第 3 版]

福元真由美・笠間浩幸・柏原栄子 編著
A5 判・200 頁・本体価格 1800 円

子どもの幸せと成長に資するための保育者としてのあり方や，時代と共に変わる保育の実態にも機敏に対応できる専門性を考える。

保育・福祉を知る
子ども家庭福祉

植木信一 編著
A5 判・196 頁・本体価格 1800 円

子どもや家庭の福祉に関する動向を踏まえ，最新の情報を提供。保育者養成への活用はもとより保育者として活躍されている方にも。

保育・福祉を知る
社会的養護 I

宮崎正宇・大月和彦・櫻井慶一 編著
A5 判・176 頁・本体価格 1800 円

改正児童福祉法や新しい社会的養育ビジョンの公表等を受け，最新の情報を加筆。施設での多様な事例も紹介。